SER FELIZ É ESCOLHA SUA

Rick Foster
Greg Hicks

SER FELIZ É ESCOLHA SUA

9 Escolhas de Pessoas Extremamente Felizes – Seus Segredos, Suas Histórias

Tradução
CARLOS AUGUSTO LEUBA SALUM
ANA LUCIA FRANCO

EDITORA CULTRIX
São Paulo

Título do original: *How We Choose to Be Happy*.

Publicado mediante acordo com a G. P. Putnam's Sons, membro da Penguin Putnam, Inc.

O primeiro número à esquerda indica a edição, ou reedição, desta obra. A primeira dezena à direita indica o ano em que esta edição, ou reedição, foi publicada.

Edição	Ano
1-2-3-4-5-6-7-8-9-10	02-03-04-05-06-07-08

Direitos de tradução para o Brasil
adquiridos com exclusividade pela
EDITORA PENSAMENTO-CULTRIX LTDA.
Rua Dr. Mário Vicente, 368 — 04270-000 — São Paulo, SP
Fone: 272-1399 — Fax: 272-4770
E-mail: pensamento@cultrix.com.br
http://www.pensamento-cultrix.com.br
que se reserva a propriedade literária desta tradução.

Impresso em nossas oficinas gráficas.

Para nossos filhos
Tim e Molly Hicks
Alex e Kathryn Foster

Agradecimentos

Este projeto teve a honra de receber o apoio de muitas pessoas desde o início. Nossos agradecimentos a Angela Miller, nossa agente, que sempre acreditou em nós; ao nosso editor na Putnam, John Duff, que enriqueceu e apoiou o projeto em todos os estágios; e a toda a equipe da Putnam, especialmente a Lori Fuller, Lisa Beck e Bonnie Segall.

Nosso muito obrigado a nossos editores independentes, pelo tempo que investiram e por sua magnífica capacidade de discernimento: Carolyn Hart Bryant, que nos ajudou a criar a proposta inicial; Marilyn Foster, pela leitura cuidadosa e pelas sugestões perspicazes; e especialmente Paula Munier, que nos guiou e incentivou ao longo das provações e atribulações do processo de escrever.

Ron Luyet nos deu muitas coisas. Dividiu conosco seu conhecimento e todo o material de que dispunha, incluindo a "Lista de Defesas". Além disso, ele nos inspirou com sua atitude de gentileza e respeito quando se trata de escrever sobre a força e as imperfeições humanas.

Ao dr. David Spear, especialista em bioquímica; a Laurie Grassman, paisagista de talento, que nos contou tudo o que precisávamos saber sobre a flora; e a Saul Kahn, nosso redator, que nos deu idéias maravilhosas para os títulos, nossos sinceros agradecimentos.

A participação de Philip Turner e Tonda Marton foi vital — os dois nos ensinaram muita coisa sobre livros em geral e Tonda nos proporcionou um "retiro para escritores" na cidade de Nova York.

Nossos primeiros Seminários da Felicidade foram patrocinados pela dra. Barbara Scott em San Luis Obispo, na Califórnia; por Eva Nemeth, que transformou seu consultório de fisioterapia em Los Angeles num centro de reuniões; e por uma turma de Shelburne Farms, Vermont, que inclui Emily Morrow, Alec Webb, Megan Camp, Paul e Eileen Growald. Seu apoio foi uma maravilhosa contribuição à amplitude demográfica das entrevistas.

Contamos também com um extraordinário sistema de apoio dos amigos e da família, que contribuíram com este projeto de maneira incondicional. Além de todas as pessoas que indicaram para as entrevistas, suas opiniões e reações foram fundamentais para o desenvolvimento de nossas idéias. Nossos pais, Lenore e Don Hicks e Harold e Diana Foster, leram nosso trabalho com generosidade e paciência. Sue Bushnell forneceu uma resenha constante de livros do mesmo gênero e manteve-se a par das últimas tendências e lançamentos do mercado editorial. Matt Weinstein e Geneen Roth nos deram o pontapé inicial. E "The Men's Group" nos deu a excelente oportunidade de testar nossas idéias, dando-nos um retorno afetuoso e firme.

Pela colaboração e pela amizade, nossos sinceros agradecimentos a Joan Hitlin, Ellen Tussman, Diane Jarmolow, Merredith Schneider, Russell Kaltschmidt, Herb Kindler e Marylin Ginsburg. Esperamos que apreciem o resultado de seus esforços.

Queremos também expressar nossa gratidão a Will e Ailish Schutz e a Karen Copeland, que, ao longo dos anos, nos ensinaram tanto e que nos apresentaram nosso maravilhoso acupunturista, dr. Van Vu. Em sessões semanais, ele manteve nosso equilíbrio e nos deu a energia de que precisávamos para fazer a pesquisa, escrever o livro, cuidar dos filhos e continuar trabalhando em tempo integral.

Acima de tudo, este livro foi escrito com a contribuição generosa de centenas de "pessoas extremamente felizes" do mundo inteiro, cujas palavras e pensamentos constam destas páginas. Não há como expressar todo o nosso respeito e gratidão. Elas mudaram nossa vida e nós somos profundamente gratos por sua gentileza, honestidade e consideração. O nome e endereço dessas pessoas foram modificados, mas seu espírito está presente em todas as partes deste livro.

Nota para o Leitor

Todos os nomes foram mudados, assim como as referências geográficas. Em certos casos, as entrevistas foram compostas a partir de várias narrativas semelhantes. Todas as histórias, no entanto, refletem fielmente as idéias e as atitudes das pessoas que conhecemos e os relatos que fizeram de suas experiências e de sua filosofia.

Sumário

O universo é feito de histórias, não de átomos.

— *Muriel Rukeyser*

Prólogo
A História de Kathryn — Parte Um

Numa de minhas primeiras lembranças, sou uma bailarina de saiote cor-de-rosa, voando pelo céu. Sinto-me mais leve do que o ar. A malha adere ao meu corpo como um cálido casulo.

Tenho 8 anos, estou apaixonada por mim mesma, apaixonada pelo balé e muito feliz. Não voltaria a sentir aquele tipo de alegria por 25 anos.

Minha felicidade infantil acabou quando me dei conta da herança que pesava sobre mim. A herança era minha avó Kathryn – minha homônima, que morreu um ano antes do meu nascimento.

Ela era o modelo que meus pais usaram para me educar. "A vovó K não perderia tempo dançando! A vovó K fazia suas lições! Você não vai ser uma profissional de sucesso como a vovó K se não tirar A em matemática!"

Se a vovó Kathryn estivesse viva, com certeza gostaria de mim. Eu era uma menina bonita e criativa. Mas seu fantasma era uma lembrança da qual eu não podia fugir. Meus pais tinham uma imagem de quem eu deveria ser, muito embora ela nada tivesse a ver com quem eu realmente era. Vovó K tinha sido um grande sucesso nos negócios. Eu era uma artista.

Quando cheguei à adolescência, meu verdadeiro eu estava enterrado. Eu tinha esquecido completamente a pequena bailarina que adorava voar, para me tornar uma Kathryn diferente. Eu era estudiosa, séria, voltada para os negócios. Tinha estabelecido minha rota. Queria ser contadora e ter um negócio como o de vovó K.

Tendo traçado meu plano, estava determinada a executá-lo. Seis meses depois de terminar a faculdade, no final dos anos 60, casei com meu namorado de colégio, arrumei um emprego como atuária e me tornei dona de casa. Meus pais estavam felizes. "Vovó K ficaria orgulhosa." Eu também estava orgulhosa. Achava que sabia exatamente o que queria e como seria a vida.

Mas havia alguma coisa errada. Eu tinha perdido meu verdadeiro eu. E aquela garotinha criativa, mas negligenciada e zangada, voltou para me assombrar.

Meus demônios ribombavam dentro de mim. Depois de um ano, escandalizei meus pais. Larguei o emprego e me separei do meu marido. Foi o primeiro divórcio da família e nunca – nunca mesmo – alguém tinha abandonado um emprego bem-remunerado.

Todos ficaram muito desapontados comigo. Tudo o que sei é que eu me sentia vazia e precisava me preencher – com o quê eu não sabia.

Quando faço uma retrospectiva até 1971, fica quase impossível acreditar que a personagem dessa história sou eu! Depois de abandonar tudo, passei seis meses viajando de carona com uma amiga, de Los Angeles até a Flórida. Atravessamos o sul do país e continuamos até os confins do México. Um dia depois de chegarmos em Miami, minha amiga achou que estava com saudade de casa e voltou para a Califórnia. Lá estava eu, numa cidade estranha, sem emprego, sem dinheiro e sem conhecer uma alma. Senti muita pena de mim mesma. Estava sem rumo e culpava o mundo pela minha situação.

Nos três anos seguintes passei pelo pior período da minha vida. Não ligava mais para mim mesma. Trabalhava como garçonete num bar miserável. Passei a sofrer de bulimia. Fiz uma série de abortos e acabei no hospital com uma gravidez tubária. Eu chorava muito, completamente incapaz de entender por que tudo aquilo estava acontecendo comigo.

Uma noite cheguei ao fundo do poço. Aceitei 1.000 dólares para transar com um cara que conheci no bar. Eu não conhecia o homem e, pior ainda, não me conhecia mais. Quem era essa pessoa em quem eu me transformara?

Nessa noite fui tomada pela tristeza e pela vergonha. Até então eu justificava meu comportamento dizendo que o mundo tinha sido duro comigo. Meus pais tinham sido cruéis – é claro que eu tinha que morrer de fome! É claro que tinha que ser um fracasso, de que outra maneira poderia me opor à vovó K?

Mas quando cheguei ao fundo do poço, eu despertei. Mal podia acreditar no que tinha acontecido à minha vida. Pensando agora, esse foi o momento decisivo, em que comecei minha longa jornada em direção à felicidade...

(Continua no Capítulo 2)

Ser Feliz É Escolha Sua

Introdução

Dez anos atrás não éramos especialistas em felicidade. Éramos especialistas em resolver problemas.

Como consultores empresariais, passamos anos resolvendo questões que quase todos conhecem – mal-entendidos entre pessoas, falta de confiança e de colaboração. Achávamos que resolvendo esses problemas as pessoas seriam mais felizes.

Mas acabamos compreendendo a verdade: quando resolvemos problemas, o máximo que conseguimos é ter menos problemas. Nós nos sentimos melhor, mas só até surgir outro problema, o que inevitavelmente acontece. Na verdade, podemos resolver problemas a vida inteira sem nunca chegar à verdadeira felicidade.

Mais ou menos nessa época, começamos a reparar em algumas pessoas meio fora do comum, que se destacavam da multidão. Pareciam viver num mundo diferente do nosso. Tinham a vida "fortificada". Os problemas turbilhonavam à sua volta, mas elas caminhavam pela vida com graça, calor e uma elegância ao mesmo tempo fascinante e misteriosa. Havia apenas uma maneira de descrevê-las: eram extremamente felizes. E ficamos fascinados por elas.

Então, mudamos de marcha e voltamos a atenção para o mundo das pessoas felizes – não apenas no trabalho, mas em todos os aspectos da vida. Se a solução dos problemas não é a fonte dessa felicidade, então o que é? Tínhamos outras perguntas. O que motiva essas pessoas? Por que estão sempre com o estado de espírito lá em cima? O que fazem que o resto de nós não faz?

Iniciamos uma ampla pesquisa, empreendendo uma jornada para descobrir os segredos das pessoas felizes. Em vez de enviar questionários pelo correio, decidimos falar pessoalmente com essas pessoas. Queríamos conhecê-las, ver como viviam. Assim, caímos na estrada. Visitando centenas de pessoas aqui nos Estados Unidos e no exterior, tivemos conversas profundas sobre a natureza fundamental da felicidade.

A pesquisa nos levou à zona rural do Alabama para conversar com a quarta geração de proprietários de uma loja de ferragens. Entramos nos bastidores de um teatro para entrevistar uma dançarina da Broadway, depois do espetáculo. Falamos com o empregado de uma lanchonete num bairro da zona leste de Los Angeles. Conhecer essas pessoas, gravar suas histórias e nos beneficiar de seu calor, energia, sabedoria e hospitalidade foram experiências que enriqueceram incomensuravelmente nossa vida.

O que descobrimos nos surpreendeu. As pessoas que entrevistamos eram muito diferentes e viviam em situações as mais variadas, mas tinham uma coisa em comum. Ricas ou pobres, brancas ou negras, casadas ou solteiras, velhas ou jovens, *todas elas cultivavam a felicidade a partir das mesmas nove escolhas.*

O que aprendemos nos modificou de uma maneira que não podíamos imaginar, e nos descortinou um mundo totalmente novo, um novo modo de ser, de pensar, de viver. Mudou a relação entre nós, o relacionamento com os nossos filhos, nossas noções de amizade, nossa abordagem à consultoria e nossos sentimentos com relação ao valor e à riqueza de vidas comuns bem-vividas — vidas que nos ensinam algo muito valioso.

E isso era algo que precisava ser dividido com as outras pessoas. Em 1996, criamos os seminários da felicidade, com base num modelo interativo de felicidade. Desde então, já ensinamos pessoas de todos os tipos — quiropráticos, professores, psicoterapeutas, cineastas e até um juiz — qualquer um que esteja interessado em ser mais feliz.

Os resultados têm sido surpreendentes. As pessoas se modificam profundamente quando integram os princípios de felicidade apresentados nos seminários. *Aprendem* a cultivar mais a felicidade em sua vida.

Será que criamos um guia palpável e claro que conduz à felicidade? Sim. Podemos fazer com que você seja feliz? Não. É você que tem que se fazer feliz. Mas podemos lhe dar um retrato da felicidade, mostrando-lhe como crescer, aprender e mudar.

Mas de que tipo de felicidade estamos falando? Você pode estar pensando: será que a felicidade não é uma emoção superficial — uma descarga de adrenalina? Não é algo com que nascemos? Ou será que significa paz e tranqüilidade? Não será ela uma sensação física, um prazer — a emoção de esquiar encosta abaixo, a alegria de ver um velho amigo, a excitação do sexo? Será que é algo arbitrário como ganhar a sorte grande? Qual a definição de felicidade?

Definição de Felicidade

A verdadeira felicidade, a nosso ver, é um sentimento profundo e duradouro de satisfação, capacidade e equilíbrio. É uma rica sensação de bem-estar que nos invade quando sabemos que somos capazes de lidar de maneira produtiva e criativa com tudo o que a vida oferece – de bom e de ruim. É conhecer o nosso eu interior e atender às nossas próprias necessidades – não às exigências dos outros. E é uma entrega profunda – viver no momento e aproveitar a generosidade da vida.

Como as pessoas felizes atingem esse tipo de felicidade? Fazendo nove escolhas conscientes que atuam em conjunto, na mente e no corpo, para criar esses sentimentos de alegria.

Com este livro você vai aprender a fazer essas nove escolhas, seja qual for sua constituição psicológica, seu estilo de vida, seu grau de sorte ou sua classificação na escala genética da felicidade.

Quem São as Pessoas Felizes?

É possível que você seja cético e tenha algumas dúvidas a respeito das pessoas felizes. Que tipo de gente elas são? Serão tão simplórias que nem percebem o quanto deveriam ser infelizes? Será que não sabem que o mundo não é um lugar feliz? Viver não é ter profundidade intelectual e ajudar ao próximo?

E, afinal, como elas se comportam? Será que essas pessoas pulam da cama animadíssimas todas as manhãs? Serão inabaláveis? Será que são sempre a alma da festa – perpetuamente em forma? Ou será que são eternas "polianas", que negam a tristeza e a dor?

As pessoas verdadeiramente felizes não vivem na negação. Na verdade, elas não deixam de sentir profundamente a vida. Conhecem a exaltação e a alegria, a tristeza e a mágoa. Nem sempre estão nas nuvens, mas vêem a felicidade como um estado emocional a longo prazo. No geral, estão sempre com um estado de espírito elevado, satisfeitas, seguindo em frente com as partes positivas da vida.

Mas a felicidade não é resultado de circunstâncias pessoais? Não depende de dinheiro, de segurança, dos relacionamentos, do lugar em que se mora?

Na verdade, a felicidade não vem de nenhuma circunstância pessoal específica. Descobrimos pessoas extremamente felizes em todos os lugares em que fomos. São pessoas comuns que vivem vidas como a nossa. Como nós, enfrentam decepções e frustrações todos os dias. E não estão livres do sofrimento.

O grupo que tivemos o prazer de entrevistar para este livro é extremamente diversificado. São pessoas de todos os níveis socioeconômicos, de todas as regiões geográficas, de todos os climas e de todas as raças. Sua idade varia de 16 a 101 anos. Elas representam uma ampla variedade de religiões e tipos de formação familiar. Algumas têm relacionamentos estáveis, outras vivem sozinhas. Algumas são heterossexuais, outras não. Muitas têm filhos, algumas não têm. São pessoas como as que você conhece.

Uma das coisas que as torna especiais é a resposta à clássica pergunta: o copo está meio vazio ou meio cheio? É essa resposta que as diferencia do resto de nós.

As pessoas felizes dizem que o copo está meio vazio e meio cheio. Viver é chegar num acordo com as duas maneiras de ver o copo. A felicidade é o resultado de reações conscientes aos aspectos maravilhosos e trágicos da vida. Segundo elas, não há apenas uma razão para uma vida feliz: a felicidade é multifacetada.

As nove escolhas das pessoas felizes são escolhas interiores — são instrumentos que elas usam conscientemente para aproveitar a vida ao máximo e para superar com eficácia as dificuldades e os traumas. Elas seguem o coração e a mente em vez de deixar que a sociedade lhes diga como devem se comportar. Assim, elas passaram a ser especiais, carismáticas — o tipo de gente que queremos conhecer, o tipo de gente que queremos ser.

Tudo Sobre a Felicidade

Seja você um carpinteiro zen-budista de Milwaukee, uma mãe com quatro filhos para criar sozinha, um gerente de vendas com mulher e dois filhos e que mora num bairro residencial de Dade County, um contador aposentado de Staten Island ou um jovem da geração X que vive em Phoenix, não importa. Você pode aprender a fazer as mesmas nove escolhas das pessoas extremamente felizes.

Essas escolhas universais não lhe dizem no que deve acreditar, o que deve valorizar ou como deve viver a vida. Apesar de universais, elas não são genéricas — são altamente individuais. Quando você faz uma escolha, ela se torna unicamente sua. Seja qual for sua situação, essas escolhas vão melhorar sua vida.

As Nove Escolhas

1. ***Intenção*** — o desejo e o compromisso inabaláveis de ser feliz; a decisão totalmente consciente de preferir a felicidade à infelicidade.

2. ***Responsabilidade Plena*** — a escolha de criar a vida que você quer viver, de assumir plena responsabilidade pelas próprias ações, sentimentos e pensamentos e a recusa enfática a culpar os outros pela própria infelicidade.

3. ***Identificação*** — o processo constante de olhar fundo dentro de si mesmo, para perceber o que o faz feliz, sem aceitar cegamente aquilo que, segundo os outros, o faria feliz.

4. ***Prioridade Máxima*** — a insistência irrevogável em dar prioridade máxima àquilo que o torna feliz.

5. ***Remodelação*** — a decisão de converter os problemas em oportunidades e desafios e de dar significado ao trauma, transformando-o em fonte de energia emocional.

6. ***Opções*** — a decisão de viver a vida criando múltiplos roteiros, de manterse aberto a novas possibilidades e de adotar uma postura flexível diante da jornada da vida.

7. ***Reconhecimento*** — a disposição para reconhecer o que há de bom na vida e nas pessoas e de viver o presente, transformando cada experiência em algo precioso.

8. ***Generosidade*** — a decisão de ser generoso com os amigos, com a comunidade e com o mundo em geral, sem pensar em receber algo "em troca".

9. ***Veracidade*** — a escolha de ser honesto consigo mesmo e com os outros de maneira responsável, sem deixar que as exigências do trabalho, da sociedade e da família violem seu contrato interior.

Um Modelo Holístico de Como Escolher Ser Feliz

Cada uma das nove escolhas feitas por pessoas felizes é, por si só, uma importante e valiosa opção de vida. Mas, juntas, elas criam um sistema sinérgico. Em outras palavras, quando funcionam como um todo, o resultado total é muito maior do que a soma das partes. Essa sinergia cria uma felicidade profunda e duradoura.

Se imaginarmos a felicidade como uma roda, o sistema fica claro. Nos capítulos seguintes, você vai ver como cada escolha flui naturalmente para a seguinte, da intenção à veracidade.

Seguindo a roda, você vai ver como pessoas comuns escolhem a felicidade — como, movidas pela intenção, criam a vida que querem, vivendo seus maiores desejos e paixões. Você vai ver como elas enfrentam com eficácia e graça os inevitáveis obstáculos e tragédias da vida e como se entregam totalmente ao mundo por meio do reconhecimento e da generosidade. A roda fica completa com a veracidade, que tem o poder de nos orientar em nosso caminho pela vida.

Você vai ver também que a roda se equilibra sozinha. Uma roda desequilibrada não se sustenta; ela quebraria. O mesmo acontece com a roda da felicidade.

A felicidade é uma receita. É como o bolo de chocolate que nossa avó fazia de cabeça. Leva nove ingredientes e cada um tem sua função. É a interação química entre todos os ingredientes que faz com que essa mistura vire um bolo. Se faltar um deles, a massa não se transforma em bolo.

Assim como nessa receita complexa, as nove escolhas, quando juntas, criam a fisionomia vibrante e animada que associamos às pessoas extremamente felizes.

À Procura das Pessoas Felizes

Como a felicidade é uma sensação intangível, é difícil medi-la. Na maioria dos macroestudos quantitativos sobre felicidade, os sujeitos são geralmente localizados por um processo de auto-seleção: basta alguém dizer que é feliz para ser considerado um participante aceitável.

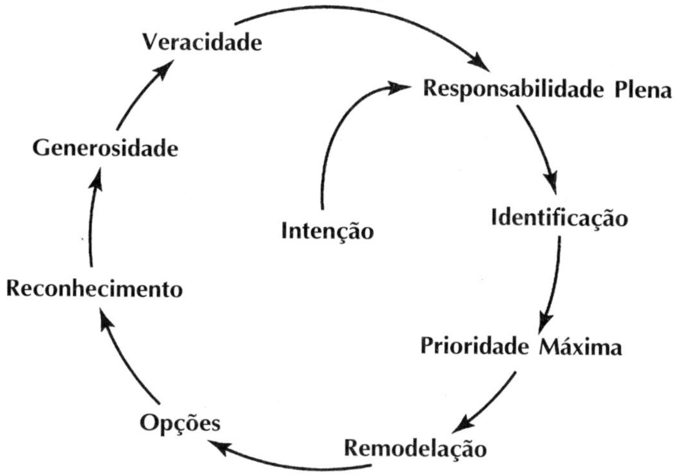

Nossa metodologia de pesquisa foi muito mais longe. Queríamos entrevistar pessoas que fossem com certeza excepcionalmente felizes. Assim, criamos um processo para, primeiro, identificar os entrevistados e, depois, qualificá-los.

Descobrimos um grupo diversificado de pessoas felizes pelo país inteiro fazendo uma pergunta aos profissionais e pessoas que conhecíamos: "Quem é a pessoa mais feliz que você conhece?" Parece que todo mundo conhece pelo menos uma pessoa que é extremamente feliz.

Essa pergunta inicial resultou numa lista bem diversificada. Por exemplo: um acupunturista com mais de mil clientes apontou Carolina, dona de casa e mãe de dois filhos, como sua paciente mais feliz. Uma conversa despretensiosa com um bilheteiro do Preservation Hall, em New Orleans, nos levou a Maurice, um saxofonista. Na Holanda, um colaborador nos levou a Hannah, uma sobrevivente do holocausto que morava em Amsterdã. E o diretor de uma grande universidade da Califórnia indicou Tony, um de seus professores.

Questionamos essas pessoas, consideradas felizes, sobre o próprio sentimento de felicidade — às vezes chamado de "sensação de bem-estar", SBE na literatura científica. A auto-identificação é considerada o método mais preciso, quando considerado isoladamente, para determinar se alguém é realmente feliz.

Para qualificá-los com mais precisão, pedimos a esses sujeitos que nos indicassem pessoas que concordassem com sua opinião. Sempre que possível, procuramos confirmá-la conversando com amigos, familiares e colegas.

Como método de pesquisa, usamos entrevistas narrativas, conhecidas nas ciências sociais pela precisão e profundidade. Foram discussões francas, sem perguntas preestabelecidas, que podiam durar desde uma hora até metade de um dia. Apesar de as histórias individuais variarem tremendamente, as pessoas felizes foram claras com relação à escolha que fizeram por ser felizes e aos comportamentos necessários para viver essa felicidade.

Conversamos só com pessoas felizes? Não. Enriquecemos a pesquisa com referências comparativas. Fizemos várias entrevistas de "controle" com pessoas que se consideram mais ou menos satisfeitas ou infelizes. Como você vai ver nos próximos capítulos, as preocupações dos dois grupos são substancialmente diferentes.

Pesquisadores, Filósofos e Pessoas Felizes

Ao começar a ler este livro, você entrou para uma das discussões mais estimulantes da história humana. A felicidade foi estudada pelos grandes filósofos, eternizada na literatura e na poesia e cantada com entusiasmo na música. Persegui-la transformou-se numa meta política desde a Revolução Americana.

Há, em toda parte, um lufa-lufa para descobrir a fonte da felicidade. Os geneticistas mapeam nosso DNA, esperando identificar os componentes hereditários da felicidade. Os bioquímicos pesquisam o equilíbrio químico que nos dá a sensação de felicidade. E os gurus espirituais de todo o mundo oferecem uma estonteante gama de "caminhos da felicidade".

Esse assunto tem sido abordado nas ciências exatas, nas ciências sociais, na comunidade médica, na literatura e na filosofia de todo o mundo. Cada disciplina tem a sua própria abordagem, mas em geral os argumentos se encaixam em duas categorias clássicas: natureza *versus* criação. Será a felicidade uma função de nossos genes – será que nascemos com uma tendência fisiológica à felicidade ou à infelicidade? Ou será a felicidade um resultado das experiências psicológicas e das interações sociais que se acumulam ao longo da vida?

Todo mundo acha que descobriu a resposta. Mas quem está certo? Segundo as pessoas felizes, todos, à sua maneira, contribuíram com uma peça do quebra-cabeça.

O "Índice" da Felicidade

Os geneticistas dizem que 50% ou mais do nosso nível da felicidade – definida como sensação de bem-estar – vem do DNA. Essa "determinação" genética nos permite traçar perfis individuais bioquímicos que criam um "índice" da felicidade, semelhante ao índice do peso corporal fisiológico.

Nossa experiência com pessoas felizes confirma essa noção. Todas as pessoas parecem começar com um determinado "índice", que pode ser alto ou baixo. Algumas lembram que na infância eram alegres e radiantes. Outras foram crianças sérias e concentradas. Outras eram tristes e insatisfeitas. Tivemos até mesmo a oportunidade de entrevistar pais de pessoas felizes, que lembram como era o filho ao nascer – alegre, radiante, sério ou infeliz.

Este livro é sobre os outros 50% da felicidade – a parte pela qual podemos optar porque *não* é geneticamente determinada.

A Felicidade, uma Escolha Interior

Além da discussão da genética e da bioquímica, dois temas muito importantes surgiram em nossas conversas com pessoas extremamente felizes. Em primeiro lugar, *a felicidade vem de dentro* – ninguém a encontra fora de si mesmo. Em segundo lugar, *é possível optar pela felicidade* – ela não é uma questão de sorte ou contingência. Você tem o poder de criar a própria felicidade. Esses temas vão surgir constantemente ao longo deste livro.

A idéia de que a nossa felicidade mais profunda se origina dentro de nós ecoa através dos séculos na literatura e na religião do mundo todo. Aristóteles disse: "A felicidade depende de nós". Em Roma, Marco Aurélio escreveu: "Viver feliz é um processo interior da alma". Os textos religiosos concordam. Na Bíblia, Jesus diz: "... pois eis que o Reino de Deus está no meio de vós... buscai o seu Reino, e estas coisas vos serão acrescentadas". Essa filosofia se reflete também nas palavras do Buda, reunidas no Dhammapada: "O caminho não está no céu. O caminho está no coração".

Além da idéia de que a felicidade vem de dentro, a possibilidade de se optar por uma vida de felicidade também foi tema das entrevistas. Podemos optar pela felicidade? Essa questão é amplamente discutida na literatura e na filosofia do mundo inteiro.

Diz o budismo tibetano: "O discípulo... pode se esforçar para adornar este mundo relativo, sua própria criação, com coisas que levem ao seu bem-estar, à sua felicidade". Em 1876, o escritor George Eliot escreveu em *Daniel Deronda*: "O princípio mais forte do crescimento está na escolha humana".

Os fundadores da América também afirmaram que o indivíduo é a fonte da própria felicidade. Abraham Lincoln sabia que a felicidade não depende das circunstâncias. "A maioria das pessoas é tão feliz quanto decide ser". Arthur Schopenhauer, filósofo do século XIX, resumiu a discussão de dois mil anos numa advertência a respeito das exterioridades: "A felicidade pertence àqueles que são suficientes em si mesmos, pois as fontes externas de felicidade e prazer são, por sua própria natureza, extremamente incertas, precárias, efêmeras e sujeitas à mudança".

É improvável que as pessoas que entrevistamos tenham lido muito sobre felicidade. Optaram pela felicidade porque essa é sua maneira de viver. Mas o que eles nos disseram está de acordo com alguns dos maiores filósofos e escritores do mundo.

O que Esperar Deste Livro

Este livro é sobre escolhas, em sua forma mais fundamental e criativa. Escolhemos o dia inteiro, tendo ou não consciência disso. Escolhemos a cada minuto. Escolhemos o que vamos dizer, como dizer e o que fazer em seguida. E, o que é mais importante, escolhemos como vamos reagir aos acontecimentos do dia.

Esteja preparado para fazer algumas perguntas básicas à medida que for lendo este livro.

- Quais são as escolhas que estão ao meu alcance?
- O que vou conseguir com cada uma delas?
- Quais as escolhas que refletem a pessoa que eu quero ser?

Este livro vai guiá-lo numa viagem de descoberta pessoal, para que você tenha mais consciência de suas escolhas. Ao longo do caminho, você vai poder olhar dentro do seu coração e da sua alma para descobrir como criar a felicidade. Você vai avaliar sua maneira de viver e descobrir que escolhas pode fazer para ser mais feliz.

Não espere que ocorram mudanças profundas de uma hora para outra — isso exige prática, estudo, honestidade e muita auto-avaliação. A felicidade depende de uma autenticidade pessoal que só se desenvolve com o tempo. Durante a leitura deste livro, você poderá avaliar seu eu interior — seus verdadeiros desejos e expectativas — e então trazê-lo para a vida cotidiana.

Até que Ponto Você É Feliz? Avalie-se

Você é curioso a respeito de si mesmo? É feliz? Quanto? Você vai ter agora uma oportunidade de avaliar a si mesmo. Use o "Questionário da Felicidade" para iniciar o processo de escolha da felicidade. Seu resultado é descritivo e prescritor: indica o ponto em que você se encontra e lhe dá uma idéia do que fazer para ser mais feliz. Essa escala não pretende ser um instrumento absoluto e o resultado que você obtiver não tem relação com o de outras pessoas. Ela apenas lhe servirá como seu ponto de referência durante a leitura.

Questionário da Felicidade

Procure identificar como você se sente física e mentalmente neste momento. Está satisfeito, equilibrado, capaz? Está calmo e certo quanto aos seus objetivos? Está realmente feliz? Quanto? Avalie-se:

1 2 3 4 5 6 7 8 9 10

Nada Feliz — Extremamente Feliz

1. *Intenção* (Capítulo 1) exige forte desejo de ser feliz e determinação para agir. Preferir a felicidade à infelicidade é uma decisão totalmente consciente. Ao longo do dia você procura de fato ser feliz?

1 2 3 4 5 6 7 8 9 10

Nunca — Sempre

2. *Responsabilidade Plena* (Capítulo 2) é preferir ter plena responsabilidade pelas próprias ações, pensamentos e sentimentos e recusar-se a culpar os outros. É querer ter o controle da própria vida em vez de se curvar passivamente às circunstâncias. Você assume plenamente a responsabilidade pela sua vida?

1 2 3 4 5 6 7 8 9 10

Nunca — Sempre

3. *Identificação* (Capítulo 3) é o processo constante de olhar dentro de si mesmo para identificar o que o faz feliz. Ao longo do dia, você costuma perguntar a si mesmo: "Que escolha ou que caminho vai me fazer mais feliz?"

1 2 3 4 5 6 7 8 9 10

Nunca — Sempre

4. *Prioridade Máxima* (Capítulo 4) é fazer questão de transformar em atividade central da vida aquilo que gera felicidade. As pessoas felizes não esperam a aposentadoria nem protelam o que lhes dá alegria. Você dá prioridade máxima à sua felicidade?

1 2 3 4 5 6 7 8 9 10

Nunca — Sempre

5. *Remodelação* (Capítulo 5) é transformar os problemas cotidianos em oportunidades e desafios e remodelar o trauma extremo, dando-lhe significado e usando-o como fonte de energia vital. Em que medida você remodela os problemas, dispondo-se a aprender com eles? Você é capaz de sentir pro-

fundamente a tristeza e depois superá-la a ponto de lhe dar um novo significado e aprender com ela?

1 2 3 4 5 6 7 8 9 10
Nunca Sempre

6. *Opções* (Capítulo 6) é a decisão de se abrir às novas possibilidades e de assumir uma postura flexível diante da jornada da vida. Na sua vida, você está atento às oportunidades? Assume riscos? É flexível a ponto de dar um salto rumo ao desconhecido para experimentar algo novo e importante?

1 2 3 4 5 6 7 8 9 10
Nunca Sempre

7. *Reconhecimento* (Capítulo 7) As pessoas felizes reconhecem o que há de bom na própria vida e nas pessoas à sua volta. Aproveitam cada minuto e transformam em maravilhas as coisas mais comuns. Em vez de pensar no passado ou de se preocupar com o futuro, você tem consciência do momento presente e reconhece o que a sua vida tem de bom?

1 2 3 4 5 6 7 8 9 10
Nunca Sempre

8. *Generosidade* (Capítulo 8) Ser generoso com os amigos, com a comunidade e com o mundo em geral sem a expectativa de "receber algo em troca" é uma escolha típica das pessoas felizes. Você é generoso com os outros?

1 2 3 4 5 6 7 8 9 10
Nunca Sempre

9. *Veracidade* (Capítulo 9) As pessoas felizes "expressam sua verdade" com uma postura firme, delimitam as próprias fronteiras e não se curvam às exigências da sociedade, do mundo corporativo ou da família, que violem suas crenças. A veracidade se transforma num contrato que elas têm consigo mesmas e numa forma de avaliar os próprios pensamentos e atitudes pelo código interior e pessoal. Você é verdadeiro consigo mesmo e com os outros?

1 2 3 4 5 6 7 8 9 10
Nunca Sempre

O Que Significam as Notas do Questionário?

Esse questionário pretende lhe dar um ponto de referência pessoal, um retrato da sua maneira de escolher a felicidade. Lembre-se de que essas notas não têm relação com as de outras pessoas. Por exemplo: seu 6 reflete a visão que você tem de si mesmo e tem um significado diferente do 6 de outra pessoa.

O questionário se torna significativo quando você avalia as próprias notas. Onde teve nota mais baixa? E mais alta? Você ficou sempre com notas baixas, sempre com notas altas ou teve só algumas notas baixas?

As notas mais baixas indicam o ponto onde você deve começar seu trabalho interior. Correspondem às áreas mais difíceis de se modificar.

Os capítulos seguintes vão explicar, uma a uma, as nove escolhas das pessoas felizes. Durante a leitura, você vai se emocionar com as histórias de pessoas que superaram dificuldades extraordinárias. Mas vai também dar risada com as fraquezas e os erros cometidos ao longo do caminho. E não esqueça o mais importante: divirta-se com a leitura de *Ser Feliz É Escolha Sua*.

Capítulo 1

Intenção

Todos os que são felizes têm a intenção de ser felizes. Parece-me que a intenção é a chave.

Janet Jantzen, tesoureira

Quem quer cantar sempre encontra uma canção.

Provérbio sueco

Intenção

Você se considera uma pessoa feliz ou gostaria de ser mais feliz? Seja como for, prepare-se para uma aventura emocionante, uma aventura de busca pessoal em que vai descobrir como se faz para escolher a felicidade. Essa aventura começa com a intenção de ser feliz, uma escolha crucial, embora esteja tão escondida dentro de nós.

Há um motivo para a intenção estar no centro da roda da felicidade. Na nossa pesquisa e subseqüente trabalho com pessoas e grupos, a intenção aparece como a força que está por detrás de toda a felicidade, a escolha fundamental que impulsiona as outras oito: é o início de uma aventura que está esperando para começar. É o prelúdio de coisas que estão por vir. É o instante em que giramos a chave da ignição. É o momento em que decidimos pegar o fone e começar a discar. É o ato de abrir um livro na primeira página.

A intenção de ser feliz é uma atitude mental que nos impele a viver da maneira mais feliz que podemos, predispondo-nos a fazer com que cada dia seja tão feliz e significativo quanto possível. É o ponto em que paramos de reagir inconscientemente e decidimos que queremos ser felizes. Fazemos uma promessa a nós mesmos, assumimos um compromisso com a felicidade que se torna nossa bússola, guiando nossas decisões e ações.

Quem não tem a intenção de transformar a felicidade em realidade, inconscientemente já escolheu outra coisa. Sem a intenção, até a felicidade fugidia é puro acaso. Mas, quando a intenção é firme, a felicidade deixa de ser acidental e se torna proposital — algo que criamos o tempo inteiro.

A intenção de ser feliz é um guarda-chuva que cobre todas as outras intenções. Cobre a intenção de ser um bom cidadão, um excelente pai, um bom amigo. Embora nenhuma das pessoas felizes com quem falamos tenha nos dito que a felicidade é, em si mesma, um objetivo final, elas integram ativamente a intenção de ser felizes a todos os aspectos da vida. Elas não são apenas pais, mães, amigos ou amantes; elas têm a intenção de ser pais, mães, amigos ou amantes *felizes*.

Será que temos tanto controle sobre a felicidade? Como sociedade, nós nos tornamos especialistas em infelicidade. O tópico é uma constante fonte de discussão. "Estou me acabando" é um lamento que ouvimos em todo lugar. Em geral, sabemos muito bem o que nos torna infelizes — relacionamentos desonestos, desperdício de dinheiro, incapacidade de dizer "não" quando necessário, bebida em excesso. Sabemos que temos capacidade para criar a infelicidade, mas não conseguimos acreditar que *podemos nos fazer felizes*. Mas, se temos controle sobre a infelicidade, é de se supor que temos igual controle sobre a felicidade. Se assim é, como assumir esse controle? Preste atenção na história de Gloria.

Felicidade é uma expressão da alma em determinadas ações.
Aristóteles

A Intenção de Gloria

Durante um projeto de consultoria numa grande empresa, tivemos uma conversa com o diretor de recursos humanos sobre felicidade no local de trabalho. Quando lhe perguntamos: "Qual é o funcionário mais feliz daqui?", ele instantaneamente mencionou Gloria. Fizemos a outras pessoas a mesma pergunta e o nome dela apareceu várias vezes. Quando finalmente a conhecemos, percebemos por quê.

Gloria transformou uma breve entrevista feita no intervalo do café num evento memorável, animando suas histórias com vivacidade e um peculiar senso de humor. Como ela faz para superar as dificuldades que todos nós enfrentamos? Gloria faz da intenção um ritual diário.

Adoro histórias. Todas as manhãs passo três ou quatro minutos contando para mim mesma uma história sobre o tipo de dia que tenho a intenção de ter. Prometo a mim mesma que terei um bom dia. Focalizo a beleza e a alegria. A história me mantém nos trilhos ao longo do dia. Esse é o investimento de tempo mais importante que eu faço...

Sejamos realistas. Sejam quais forem nossas intenções, todos nós já tivemos "um dia daqueles", quando parece que há uma conspiração para nos tornar infelizes. Na verdade, o dia de Gloria tinha começado com um monte de aborrecimentos, conhecidos de todos nós. Seus dois filhos adolescentes ficaram tanto tempo no chuveiro que todos acabaram se atrasando. Um caminhão quebrado congestionou de vez o trânsito. E, como perdeu a reunião das oito horas, seu chefe ficou contrariado e não fez nenhuma questão de esconder o fato. No meio da manhã, um cliente importante teve um problema sério e ela acabou precisando cancelar todos os outros compromissos do dia.

Por que, então, quando conversamos à tarde, ela estava tão bem-humorada?

Minha felicidade depende da história que conto a mim mesma. Fatos são fatos. O que aconteceu aconteceu. Mas eu tenho escolha. Posso contar dois tipos de história sobre o dia de hoje.

A primeira é sobre a irresponsabilidade dos meninos, sobre o trânsito que está terrível, sobre a bronca que levei do chefe e sobre todas as responsabilidades que pesam sobre mim. Mas, pela luz da eternidade, não é essa a história que quero contar para mim mesma. O dia é meu e é o único que tenho. Por que eu iria querer que ele fosse ruim?

A história que conto para mim mesma é decorrência direta da minha intenção de ser feliz. Os problemas não desaparecem, mas também não são o fim do mundo. Na minha história, estou cercada por pessoas que amo e admiro. Dou um desconto aos meninos por serem típicos adolescentes. Sinto-me competente quando resolvo os problemas do cliente. E gosto de ter a oportunidade de entrar em contato com tantas pessoas diferentes.

Quando conto essa história, eu paro, respiro, deixo de lado as coisas negativas e volto para onde me sinto bem. É aí que está. A cada dia eu tenho uma nova oportunidade de ser feliz.

Há uma grande diferença entre ter a intenção de ser feliz e limitar-se a tocar o dia. À primeira vista, a história de Gloria pode parecer uma reação normal aos acontecimentos do dia, mas seu processo nada tem de típico. Ao adotar a história que quer contar a si mesma, ela está exercendo a mais fundamental das escolhas – o direito de reagir às circunstância da maneira que escolhemos.

Nós nos contamos histórias sobre cada parte da vida. Sejam elas sobre as pessoas que conhecemos, sobre os problemas que enfrentamos ou sobre como nos sentimos com relação a nós mesmos, essas histórias são exclusivamente nossas. E é por meio delas que criamos nossa realidade. Mas, às vezes, não temos consciência de que são as histórias, e não os acontecimentos externos, que impulsionam nossos sentimentos e ações. Assim, como tomar consciência das nossas histórias? Usando a intenção para trazê-las à consciência. Como? Como Gloria, estabelecendo a intenção e revisitando-a ao longo do dia, monitoramos e modificamos as histórias. Isso nos permite ter o que queremos ter e estar onde queremos estar.

Mas existem pessoas que acreditam que têm uma vida tão triste e sobrecarregada de problemas que não podem se entregar à felicidade. Porém, nós descobrimos que, sejam quais forem as circunstâncias, qualquer um pode aprender a ser feliz. E a intenção é o primeiro passo nessa direção. Poderosa e dinâmica, a intenção não se limita às questões mais simples, como as de Gloria, mas serve para abordar problemas monumentais, desses que modificam a vida, como os que você vai conhecer neste livro. No âmago da felicidade está a consciência de que sempre podemos escolher nossas reações.

Quem viveu num campo de concentração lembra dos homens que andavam pelas barracas confortando os outros, dando-lhes seu último pedaço de pão. Podem ter sido poucos, mas são provas suficiente de que tudo pode ser tirado de um homem menos uma coisa: a derradeira liberdade humana – escolher a própria atitude em qualquer circunstância, escolher o próprio caminho.

Victor Frankl, *Man's Search for Meaning*

O Jantar

Como começar a desenvolver histórias que levem à felicidade? Eis um exemplo:

Suponhamos que você esteja no carro, a caminho de um jantar em que não conhece quase ninguém. Para alguns, isso é como entrar num campo minado, cheio de armadilhas e ansiedades.

Nossa intenção determina o tipo de noite que teremos. Podemos deixar mais clara nossa intenção dizendo: "Como quero que esta noite seja? É minha intenção preocupar-me com a minha aparência, com o que digo ou com o que os outros vão pensar de mim? Será que quero passar a noite criticando os outros? Ou será que quero me divertir o máximo possível e ser feliz?"

Para sentir realmente essa felicidade, é preciso abandonar os comportamentos que só nos atrapalham. Pare de se julgar e de julgar os outros para assim conseguir criar histórias que vão ajudá-lo a aproveitar o melhor da festa. Isso tem um significado diferente para cada um de nós, mas o objetivo é ser feliz naquele momento.

Podemos estar assistindo a um jogo, fazendo compras ou preenchendo o formulário de imposto de renda. Com a pergunta: "Que posso extrair de bom dessa situação?", nós aproveitamos ao máximo a experiência. O que determina, em última instância, o nível da felicidade é o destino que damos à energia.

O mundo dos que são felizes é diferente do mundo dos que não são.
Ludwig Wittgenstein

Na Encruzilhada

Quando a vida nos apresenta uma encruzilhada, o que inevitavelmente acontece, a intenção de ser feliz pode nos levar ao caminho menos trilhado. Vamos considerar o caso de duas pessoas diante da mesma situação, mas com intenções diferentes.

Sarah e Marty, altos funcionários da área financeira de uma agência de propaganda, viram-se diante da mesma encruzilhada na mesma época, quando a agência foi comprada por uma grande empresa. Forçados a pedir demissão, ambos receberam seis meses de salário como parte do acordo.

Marty fez o que muitos de nós faria: tomou o caminho mais conhecido. Ele não se orientou pela felicidade, mas pela intenção de fazer o dinheiro render o máximo possível. Decidido a encontrar logo um outro emprego, acabou na área de vendas, que não era a de sua preferência. Ignorou, no entanto, os próprios sentimentos, em vista do salário 20% maior.

Com esse emprego, Marty conseguiu aplicar o dinheiro do acordo, aproximando-se assim de sua meta. Ele tem um emprego que não lhe agrada, mas conseguiu o que queria: dinheiro.

Sarah teve uma atitude diferente. Ela é uma pessoa suave e introspectiva, com um tipo de felicidade silenciosa e serena. Na vida dela, a felicidade é a prioridade máxima. Com essa intenção bem clara, preferiu não voltar imediatamente ao mercado de trabalho. Encarou o dinheiro do acordo como um presente – um presente para si mesma. Assim, fez todas as coisas que não tinha tempo para fazer quando estava trabalhando. Visitou a mãe, conheceu o Grand Canyon (uma viagem que sempre quisera fazer), foi almoçar com amigos que não via há muito tempo, começou a fazer um diário e se inscreveu como orientadora em vários cursos de comunicação da universidade local.

Eu encarava cada dia como um exercício de felicidade. Havia dias em que respeitava minha necessidade de ficar sozinha: ligava a secretária e não atendia ao telefone. Outros visitava amigos chegados e passava mais tempo com a minha família.

Durante esse tempo, Sarah manteve contato com colegas e possíveis empregadores. Recebeu boas propostas, mas não aceitou nenhuma. Eram tentadoras do ponto de vista financeiro, mas não ofereciam o tipo de desafio que ela precisava para ser feliz no trabalho. No tempo em que ficou sozinha, Sarah conseguiu identificar claramente o cargo que estava procurando e recusou-se a se contentar com menos.

A estratégia de Sarah foi traçada tendo em vista a intenção de ser feliz – e valeu a pena. Três semanas depois de acabar o dinheiro do acordo, Sarah aceitou um ótimo emprego numa agência nova no mercado.

Sarah fez o que a maioria de nós nem sonharia em fazer numa encruzilhada da vida: tomou o caminho menos convencional. Colocando a felicidade em primeiro plano, sentiu-se mais forte para enfrentar a busca de um novo emprego – as entrevistas, os contatos, até mesmo as rejeições.

Vi esse tempo de descanso como uma oportunidade de ouro. Em vez de deixar que fosse o período mais estressante da minha vida, decidi transformá-lo no período mais feliz da minha vida.

Sarah escolheu o caminho menos percorrido e isso modificou sua vida. Nem em sonhos ela esperava ser tão bem-sucedida.

Marty e Sarah tinham intenções diferentes. Marty trabalha duro, esperando ter uma aposentadoria feliz. Sarah pretende ser feliz todos os dias. Ela compreende que a felicidade está ao seu alcance agora, hoje, a qualquer hora.

Sabe que não há razão para deixar para depois – depois de procurar emprego, depois de resolver os problemas da família ou depois de ganhar na loteria – embora, como todos nós, ela pudesse ter encontrado algum motivo para protelar a felicidade.

Por que não agarrar o prazer agora mesmo? Quantas vezes a felicidade é destruída pelos preparativos, tolos preparativos?
Jane Austen

A Intenção se Aprende

De onde vem a intenção? É um traço inato ou algo que adquirimos? Assim como as nove escolhas das pessoas felizes, a intenção é um comportamento adquirido – e pode ser adquirido de várias maneiras e a qualquer momento da vida. Podemos adquiri-lo só de observá-lo em outras pessoas. Mas ele pode ser fruto da abundância de carinho e de afeto. No caso das duas histórias que se seguem, ele veio da falta de amor e de atenção.

Em geral, não se desenvolve uma sólida intenção de ser feliz antes da idade adulta, mas para alguns ela surge nas experiências da infância. Para Maddie e Max, a intenção apareceu quando, numa situação muito difícil, decidiram que preferiam a felicidade à infelicidade. Suas histórias são particularmente inspiradoras; pois apesar de terem sofrido maus-tratos na infância, os dois se tornaram adultos felizes e bem-sucedidos. A beleza dessas histórias está no fato de nos darem uma oportunidade rara de ver claramente o momento em que surgiu o compromisso irrevogável com a felicidade.

A Vida em Hollywood

Maddie é uma personalidade da mídia que conhece todo mundo na cidade – desde o prefeito e industriais até as estrelas do basquete e o carteiro do bairro. Quando lhe perguntamos quem era a pessoa mais feliz da cidade, ela respondeu: "Eu!" Em poucos minutos já estávamos convencidos disso. Quando ela entra numa sala, sentimos o mesmo calor que flui pelas ondas do rádio.

Marcamos na hora uma entrevista para o dia seguinte. Quando ela nos contou sua história, saltou aos olhos o contraste entre a mulher feliz que estava diante de nós e a infância infeliz que descreveu.

Os pais de Maddie pertenciam à elite de Hollywood do começo dos anos 50. Ela poderia ter tido uma infância idílica, nos opulentos jardins da mansão em que foi criada. Mas cada dia na vida de Maddie e de seu irmãozinho Carl trazia novas incertezas e medos. A mãe — alcoólatra, viciada em drogas e violenta — destruía periodicamente o Cadillac e a paz da família. Quando ela sucumbiu à dependência e ao próprio comportamento violento, o pai de Maddie abandonou a família. Aos poucos, até os empregados debandaram diante das crises imprevisíveis da patroa. Maddie e Carl ficaram à mercê da mãe perturbada, que muitas vezes os deixava sozinhos dias a fio. A quilômetros do mercado mais próximo, eles viviam de manteiga de amendoim e tentavam ficar longe da mãe.

Meu irmão e eu ficávamos sozinhos o dia inteiro. Depois da escola, o ônibus nos deixava numa casa silenciosa e agourenta. Às vezes, quase nem víamos nossa mãe. Éramos muito infelizes – quase entorpecidos.

Eu sabia que as crianças na escola eram diferentes de nós. Queria ser como elas. Eram descontraídas, riam, brincavam e pareciam realmente aproveitar a vida. Na época, isso era um mistério para mim. Então, um dia, disse a mim mesma: "Vou ser feliz como as outras crianças". Lembro-me de contar a Carl que eu já tinha tudo planejado.

Maddie percebia que sua mãe era infeliz, em comparação às outras mães que conhecia. Então, deduziu que a única maneira de ser feliz era fazer exatamente o contrário do que a mãe fazia. Elaborou um plano engenhoso: aprender pelo avesso.

Um dia, sentados nos degraus das dependências dos empregados, que era nosso esconderijo, Carl e eu fizemos um pacto. Prometemos que seríamos felizes todos os dias. Assim, sempre que possível – jogando um jogo novo, contando uma piada ou dando uma boa risada – seríamos diferentes dela. Esse é um momento que vai ficar gravado para sempre na minha memória. Carl e eu ainda nos referimos a ele como o momento libertador da nossa infância.

Um irmão desafiava o outro a buscar oportunidades de serem felizes. Essa ênfase na felicidade tornou-se parte intrínseca da vida deles.

Para a maioria das crianças, a felicidade é uma coisa natural. Como é um componente da vida familiar, elas não se dão ao trabalho de imaginar a felicidade, de pensar nela ou de procurá-la. Mas o voto que Maddie e Carl fizeram um ao outro deu-lhes um alto grau de consciência da felicidade, uma consciência que continuou pela vida adulta.

Ser feliz tornou-se parte da nossa identidade e estabeleceu o curso do nosso futuro. No meu dia-a-dia ainda busco cada oportunidade de ser feliz: isso define minha personalidade.

Por mais difícil que tenha sido sua infância, Maddie e Carl tinham um ao outro. Buscavam um no outro a força e a coragem para lutar pela felicidade —

e juntos a encontraram. Mas mesmo uma criança que tenha uma infância trágica e totalmente solitária pode descobrir a intenção de ser feliz. Max foi uma criança assim.

Meu Reino de Felicidade

No fim da Segunda Guerra Mundial, Max, ainda bebê, foi encaminhado a uma instituição na zona rural de Minnesota. Sua mãe, uma adolescente de família pobre, pretendia buscá-lo quando se casasse e assim não deixou que fosse adotado, o que lhe daria a oportunidade de ter uma vida estável.

Como não estava disponível para adoção, Max passou a viver em lares provisórios e a trabalhar no campo. Sua mãe biológica aparecia de vez em quando, prometendo uma família "de verdade", mas a promessa nunca era cumprida.

Havia, em geral, muita violência nas casas em que Max viveu, onde ele era sempre o bode expiatório das outras crianças. Sua única alegria era ler – um hábito que adquiriu graças à professora da segunda série. Por meio dos livros, ele fugia das tristes circunstâncias de sua vida e vislumbrava um mundo melhor e mais feliz além da dura paisagem rural de Minnesota. Aos 11 anos, Max teve uma revelação:

> *Foi há quarenta anos, mas é como se fosse ontem. A professora nos mandou ler* O Rei Artur e os Cavaleiros da Távola Redonda. *O reino de Artur era um mundo maravilhoso, de pessoas honradas, confiáveis e boas. Nesse reino as pessoas se tratavam bem e se respeitavam. Artur tinha criado esse lugar feliz e eu me apaixonei por seu reino.*

O mundo do Rei Artur representava uma realidade alternativa para Max. O menino de 11 anos se defrontou com a intenção:

> *Lembro-me do momento em que pensei: "Vou viver como o Rei Artur viveu". Na época, eu não tinha um sistema de valores e esse mundo me pareceu ideal.*

Max prometeu a si mesmo nunca se desviar do modelo do Rei Artur. Sem dinheiro para comprar o livro, ele o colocou sob a jaqueta e o levou para casa. Guardou o livro numa gaveta secreta e relia a história tarde da noite, gravando trechos na memória. Esse livro se transformou na sua bíblia – uma rocha firme numa vida conturbada e um mapa para uma vida além da infelicidade.

> *Acredite ou não, o Rei Artur é a luz que me guia desde então. Ele era um "construtor de pessoas". Transponho o que posso desse mundo para meus relacionamentos e para meu*

trabalho. Escolhi viver a vida usando o que aprendi nesse livro há mais de quarenta anos e isso ainda me faz feliz.

Aos 52 anos, Max ainda leva o humanismo da corte do Rei Artur para a vida profissional. Vice-presidente de uma grande empresa, é considerado um líder sábio e generoso, preocupado com os empregados. (No Capítulo 2 vamos conhecer melhor o efeito que a experiência infantil de Max exerceu sobre sua vida adulta).

Como todas as pessoas felizes, Maddie e Max têm plena consciência da intenção de serem felizes. Há quem depare com essa intenção na infância e quem a adquira de maneira sistemática depois de adulto – seja como for, ela é essencial para se viver uma vida feliz.

Eles pareciam topar de frente com a felicidade, como se tivessem surpreendido uma borboleta no bosque em pleno inverno.
Edith Wharton

A Armadilha do Mundo Infeliz

O mundo infantil da felicidade tem seu oposto: um universo onde a infelicidade é recompensada. Nesse mundo, as dores têm prioridade e as crianças alegres são negligenciadas em favor das crianças com problemas. A idéia da felicidade como um aspecto saudável e necessário da vida em família nem é considerada. Crianças que crescem nesse tipo de ambiente podem nunca compreender a intenção de ser feliz.

É o caso de Dorothy, que agora tem 68 anos. Quando ela nasceu, sua família já tinha desistido de cultivar relacionamentos ternos e calorosos. Inadvertidamente, seus pais ensinavam aos cinco filhos que a infelicidade traz recompensas. Conhecemos Dorothy há muitos anos e ela sempre foi uma pessoa infeliz:

Meus pais estavam sempre sobrecarregados de trabalho e de problemas com dinheiro. Para chamar a atenção deles, o jeito era se machucar, ficar doente ou infeliz. Era como um acordo: quanto mais infeliz eu ficava, mais amor recebia. Meus pais já se foram há muitos anos, mas a família ainda vive do mesmo jeito. Não sei como mudar essa situação.

Até que desenvolva a intenção de ser feliz, Dorothy vai continuar atraindo pessoas que apóiam sua infelicidade, assim como ela apóia a infelicidade dos outros. Na verdade, seus relacionamentos são construídos sobre a infelicidade compartilhada.

Para ela, qualquer discussão se transforma numa competição para ver quem passou por mais infortúnios. Os telefonemas e as conversas têm como tema as queixas e o motivo implícito de descobrir quem é mais infeliz. Se alguém quebrou o braço, o outro tira logo da manga uma cirurgia iminente. Ninguém está ao abrigo das críticas, que incidem sobre tudo: do lugar para passar as férias ao atual casamento. Cada um tem como meta diminuir todos os outros para se sentir melhor com relação à própria infelicidade.

Dorothy tem medo de perder o apoio da família e dos amigos, caso se modifique. É, na verdade, o medo de perder essa infelicidade conhecida que perpetua sua vida infeliz.

É como se Dorothy tivesse passado a vida inteira criando a própria ópera – em que ela é tanto a empresária quanto a diva. Construiu o cenário, escreveu o libreto, compôs a música e escolheu os outros atores. Infelizmente, a ópera que ela compôs é uma tragédia. E como encena a mesma produção noite após noite, sustenta a própria infelicidade. Ela se sente num beco sem saída. Modificar o tema seria uma tarefa imensa: ela teria que recriar tudo, desde o início.

Para Dorothy, o melhor seria criar outra ópera com um tema mais feliz. Mas essa opção é tão assustadora que, mesmo com sua visão adulta, Dorothy está convencida de que tem muito a perder. Na verdade, ela desistiu da idéia de algum dia ser feliz.

Mas muitas pessoas não desistem e adquirem a intenção aos 30, 40, 50 anos ou até mais.

Enfim, a Felicidade

Adele, agora com 53 anos, lembra que quando era criança e vivia no Bronx, queria muito ser feliz. Quando chegou aos 20 anos, começou a percorrer um caminho tradicional – à procura de "coisas" que a fizessem feliz.

> *Passei muitos anos procurando aquilo que me faria feliz. Experimentei de tudo. Comprei montes de roupas e coisas para casa, achando que me fariam feliz. E nada. Tive negócios bem-sucedidos e negócios que faliram. E nada. Experimentei começar um relacionamento – achava que seria feliz se estivesse com um determinado homem. Tentei muitas vezes e nada.*
>
> *Tive breves momentos de êxtase, como na noite em que meu restaurante abriu as portas. Lembro-me de olhar o salão com uma sensação maravilhosa – achando tão bom que tudo tivesse dado certo. Tive outro desses momentos no meu último casamento. Estava deitada na cama ao lado de meu marido depois de fazermos amor e pensei: "Isto é o máximo". Mas é claro que não era a felicidade duradoura. Foi apenas um momento.*

Apesar de ter conquistado uma estabilidade financeira razoável, a busca de Adele não resultou na felicidade que procurava. Com tantas "coisas" e tão pouca felicidade, ela estava totalmente despreparada para a traumática perda de todas essas coisas.

Numa de nossas primeiras entrevistas, Adele nos mostrou que pessoas felizes nem sempre têm uma vida encantadora. Em 1991, ela passou por uma trágica sucessão de perdas. Sua vida ia passando enquanto as perdas se acumulavam.

Num terrível período de 24 meses, minha vida evaporou. Eu perdi tudo. Minha casa pegou fogo e eu fiquei sem nada – sem roupa, sem fotografias, sem mobília... nenhuma lembrança material da vida que eu tinha. Nessa época, meu pai e minha mãe morreram inesperadamente. Meu marido me deixou por uma mulher mais jovem e meu restaurante faliu. Minha melhor amiga se mudou para Seattle. Até o cachorro morreu.

Sem todas as "coisas" da sua vida, Adele precisava decidir o que fazer. Mas sem estabelecer uma intenção, ela ficaria imobilizada. Quais eram suas intenções?

Como perdera tudo, Adele tinha muitas intenções a estabelecer. Considerou a mais fundamental de todas – iria viver ou morrer?

Eu não tinha nada. Estava tão cheia de mágoa que achei que talvez Deus estivesse me preparando para morrer. Tudo tinha acabado, como se fosse uma monumental lição de desapego: por que não deixar a vida acabar também? Mas, quando o choque inicial começou a passar, a vontade de viver sobrepujou todos os pensamentos sobre a morte.

Percebi que havia esperança no meio das cinzas. Era uma grande oportunidade – a lousa estava limpa. Se era para recomeçar e criar uma vida totalmente nova, eu criaria uma vida feliz.

Eu queria me sentir plena. Queria abraçar tudo o que a vida traz – de bom e de ruim. Queria me sentir satisfeita, descansada e leve. Queria me sentir destemida – sentir que era capaz de enfrentar qualquer coisa que aparecesse em meu caminho. E queria me sentir assim pelo resto da vida. Apesar da dor, percebi que tudo aquilo contribuía para uma felicidade que duraria o resto da vida.

Adele pretendia encontrar uma felicidade profunda e duradoura. Mas depois dessa perda incrível, como construir uma nova vida? Como sobreviver emocionalmente? Tinha agora a intenção de prosseguir, mas ainda estava tomada pela dor. (No Capítulo 5, "Remodelação", vamos ver como Adele construiu com sucesso uma nova vida emocional e como superou a dor para emergir como uma pessoa extraordinariamente feliz).

No início de sua recuperação, Adele já tinha aprendido uma coisa importante: se desejamos a felicidade, não adianta procurá-la fora nós: nem no carro novo nem na vida amorosa. Embora nosso mundo consumista nos diga aos gritos que podemos comprar a felicidade, sabemos que isso não funciona.

Ao escolher a intenção e fazer as outras oito escolhas, começamos a construir uma felicidade *que vem de dentro* – a verdadeira e duradoura felicidade. O carro novo, a última promoção ou o reconhecimento da comunidade nos dão alegrias momentâneas, mas a felicidade que vem de dentro de nós é uma sensação profunda e duradoura. Esse é o tipo de felicidade que realmente desejamos.

> Não é fácil encontrar a felicidade em si mesmo e
> não é possível encontrá-la em nenhum outro lugar.
> *Agnes Repplier*

Criar Filhos Felizes

Quem tem filhos se vê diante do clássico conflito entre a intenção de ser feliz e a intenção de ser um adulto responsável. A felicidade como pai ou mãe parece se opor a um cânone indiscutível: "Os filhos vêm em primeiro lugar".

Acreditamos que podemos fazer com que nossos filhos sejam felizes – na verdade, assumimos essa tarefa. A reação natural é dar aos filhos o que achamos que eles precisam – enchemos seus dias com muitos passeios, muita cultura, aulas e esportes. Acreditamos que assim serão felizes. Mas será que isso é verdade?

As atividades e os brinquedos divertem as crianças, o que é maravilhoso. Mas não se deve confundir diversão com felicidade. Assim como os pais, as crianças precisam aprender a criar interiormente a felicidade. Esse é um processo que os pais podem ensinar aos filhos.

Solteira e mãe de três filhos nos anos 70, Betty era pressionada a deixar de lado a própria felicidade pelo bem das crianças. Mas não cedeu.

> *Eu tinha que me sustentar e sustentar as crianças. Queria terminar a escola para ter uma vida melhor e, ao mesmo tempo, ser uma mãe responsável e amorosa. Sabia que nada daria certo se eu negligenciasse minha própria felicidade. Assim, a felicidade era meu foco dominante.*
>
> *Minha meta era viver minhas paixões – a maternidade, meu crescimento pessoal, as amizades, o time de* softball *e meu amor pelos animais. Minha meta com relação às crianças era mostrar a elas que as amava e as aceitava. Eu era sempre enfática, mas nunca fazia o papel de mãezona. Meus filhos cuidavam um do outro quando eu ia à escola, tinham as próprias tarefas e passavam sem muitos brinquedos nem roupas caras.*

Isso é intenção. Apesar das dificuldades, Betty estava determinada a tornar sua vida feliz. Sua intenção floresceu e seus filhos se beneficiaram com seu exemplo.

Não acredito que os pais consigam fazer seus filhos felizes. A melhor coisa que podemos fazer é oferecer um modelo de felicidade. Mostrei a meus filhos, com minha própria vida, que temos escolhas e que somos nós que fazemos as coisas acontecerem.

Nunca presumi que meus filhos existiam para me fazer feliz. Eles sabiam que eu os amava pelo que eram, não pelo que eu esperava que fossem. Nunca os culpei por me prenderem ou por me impedirem de fazer as coisas. Mostrei a eles que eu tinha controle sobre a minha felicidade e os ensinei que merecem ser felizes.

O que aconteceu com os filhos de Betty? Vinte e cinco anos depois, todos têm uma vida incomum e criativa. Um tem um rancho, o outro é peão de rodeio e o terceiro é jogador de golfe profissional. São escolhas pouco convencionais, motivadas pela intenção de ser feliz. Hoje, todos têm filhos.

Sei que dei aos meus filhos as aptidões de que precisavam para serem felizes, mas ainda fico surpresa ao ver o quanto são saudáveis e felizes. E não só eles, mas meus netos também.

Assim como as tradições familiares passam de geração a geração, a felicidade também passa. Os netos de Betty herdaram dela um legado de felicidade. Algumas pessoas não têm tanta sorte. Infelizmente, Victoria herdou apenas uma grande companhia de seguros.

Por que Não Sou Feliz?

Victoria tem uma vida opulenta e goza de todas as vantagens da riqueza: tem várias casas, viaja muito e faz compras onde tem vontade. Nunca teve um momento de ansiedade por causa de insegurança financeira. Além disso, tem três filhos saudáveis e inteligentes e um marido devotado.

Sem nada de esnobe, Victoria sempre ajudou os outros, usando seu dinheiro em causas socialmente responsáveis.

Muitos adorariam viver essa vida. Mas ela é infeliz.

Na verdade, fico zangada comigo mesma por ser infeliz. Percebo a sorte que tenho, mas não entendo por que nunca estou satisfeita. Procuro ser uma boa pessoa. Faço parte de cinco associações sem fins lucrativos. Acabei de receber uma comenda da prefeitura. Recebo muitos elogios e confetes pelo trabalho comunitário que realizo. Tenho uma vida maravilhosa pelo padrão geral. Mas estou infeliz. Por que será que sou assim?

A intenção básica de Victoria é agradar aos outros, conforme uma antiga tradição familiar de filantropia e serviço social. Suas atividades lhe garantem muitas recompensas, mas todas elas externas.

Ela conta com os outros para ser feliz e isso não dá certo. Os elogios que recebe não bastam. A despeito de sua fortuna, ela não se dá a dádiva da felicidade: para isso conta com os outros. Como não dá certo, ela se sente usada e hostil. E mesmo a aprovação de que tanto precisa não tem um efeito duradouro: ela logo se sente vazia outra vez. Victoria precisa aprender que Victoria é a única pessoa que pode fazer Victoria feliz.

A alegria nada tem a ver com coisas materiais nem com circunstâncias externas... Um homem que vive cercado de luxos pode ser desditoso e um homem que vive na profunda pobreza pode transbordar de alegria.
William Barclay

A Grande Aventura de Janet e Arthur

Janet e Arthur não têm muito dinheiro. Mas têm um relacionamento incomum. Os dois são pessoas extremamente felizes, casados há 25 anos. Tiveram uma aventura que foi um teste para a intenção.

Os dois trabalham numa escola particular e há três anos planejavam fazer uma viagem à Índia. Era a viagem de seus sonhos — seis semanas de férias numa cultura complexa e fascinante. A viagem era um presente que estavam se dando depois de vários anos de economia. Esperavam que essa aventura lhes transformasse a vida.

Com os passaportes na mão, voaram na véspera de Natal para Nova Delhi, com uma escala em Frankfurt. Mas alguém cometeu um erro. Em Frankfurt, prontos para embarcar, foram informados de que seus vistos estavam incorretos.

Depois de vários telefonemas para a embaixada dos Estados Unidos e para a embaixada da Índia, perceberam que seria impossível ir para a Índia. Iam passar a noite de Natal na Alemanha. E as más notícias não paravam por aí — iam perder o substancial depósito que tinham feito no hotel em Nova Delhi.

No dia de Natal, lá estavam eles, cansados e frustrados, num hotel barato de Frankfurt, de pijamas de verão. Janet olhava pela janela, vendo a neve cair nas ruas vazias e geladas.

A situação era tensa — um tipo de tensão que muitos já viveram e que geralmente é um desastre para qualquer relacionamento.

Eu sabia que Arthur e eu estávamos pensando a mesma coisa: "Quem tinha verificado os vistos? Quem tinha confirmado o vôo? Fora a vergonha — o que nossos amigos iam pensar? Por que aquilo estava acontecendo conosco?" Percebi que as coisas estavam prestes a se deteriorar de vez. Eu tinha que fazer algumas escolhas sem perda de tempo.

Em circunstâncias semelhantes, o comum é tomar decisões de emergência baseadas em considerações pragmáticas – para solucionar o problema da maneira mais sensata. Mas as soluções práticas às vezes afogam a intenção de ter a experiência mais feliz possível. "Será que é melhor desistir e voltar para casa – ainda temos seis semanas de férias e a casa está precisando de pintura... Ou será que é melhor ficar uma semana na Alemanha e depois voltar? Talvez seja melhor devolver as passagens para a Índia e ficar com o dinheiro...

O que torna Janet e Arthur diferentes? Em vez de terem uma atitude pragmática, eles se mantiveram firmes na intenção.

Minha mãe usava uma palavra que eu guardei. A palavra é "mindful" (ciente). Acho que ela diz tudo: cheio de mente. É assim que quero ser: cheia de inteligência e consciência. Isso significa que não quero apenas reagir, mas reagir conscientemente. E a Alemanha foi uma dessa situações em que usar a cabeça foi muito melhor do que sair dando coices...*

Então, olhei para Arthur e disse: "Podemos ficar zangados e infelizes ou pôr o pé na estrada e ser felizes. Vamos fazer um acordo para não nos desgastar. Vamos esquecer o dinheiro. Não vamos ficar nos culpando, culpando a companhia de aviação ou o governo da Índia". Eu ainda estava absolutamente determinada a fazer a viagem da minha vida – e conhecer uma cultura totalmente nova. Quem disse que a Índia era o único lugar possível?

Motivados pela intenção de serem felizes, Janet e Arthur conseguiram resolver o dilema. Onde mais poderiam realizar seu sonho? Onde mais poderiam mergulhar numa cultura diferente? Onde mais poderiam ficar ao sol e usar as roupas novas de verão? Para onde poderiam ir sem um visto?

E para onde foram? Para Israel. O casal voou no dia seguinte para essa terra antiga e exótica, onde passaram seis semanas inesquecíveis.

Os amigos de Janet e Arthur ainda riem do cartão que receberam de Jerusalém, dizendo:

Estamos nos divertindo muito em "Nova Delhi".
Queríamos que estivessem aqui.
Shalom,
Janet e Arthur.

Lembre-se de que a felicidade é um jeito de viajar
– não um destino.
Roy M. Goodman

* A palavra *mindful* é formada pelo substantivo *mind* (mente) + o sufixo *ful* (cheio). (N.T.)

Como Começar

Optar pela intenção de ser feliz é o início da nossa aventura. Mas a intenção é uma atitude e não um comportamento; é difícil dominá-la. Virgínia, uma professora universitária de literatura inglesa, foi a um de nossos seminários para terapeutas e professores. Vários meses depois ela nos contou como foi seu diálogo interior quando se viu às voltas com a intenção de ser feliz.

No começo do seminário, ela se deu uma nota bem alta na escala da intenção. Mas, no decorrer do dia, percebeu que suas intenções não diziam respeito à felicidade *interior*. Eram convenções e expectativas sociais que lhe tinham sido inculcadas na infância: impressionar os outros, ser uma "boa pessoa", fazer as coisas do jeito certo, ser a filha perfeita.

> *Compreendi de repente que as intenções que me motivavam não eram essenciais para mim. Depois do seminário, decidi buscar a felicidade.*
>
> *Durante três semanas, minha intenção foi descobrir exatamente quais eram as minhas intenções! Quais as decisões que eu tomava durante o dia e o que me levava a tomá-las? Depois tive que decidir quais as intenções que eram importantes para mim e não só para os outros. Quando tive certeza, descobri uma maneira de vincular a intenção de ser feliz a cada uma delas.*

Vamos usar a abordagem de Virgínia para investigar a nossa intenção de ser feliz.

Para Aprimorar suas Intenções

1. Faça uma lista de suas intenções mais importantes. Essa lista deve incluir algo parecido com o que vem a seguir:

   A longo prazo:
   Pretendo transmitir segurança como pai/mãe.
   Pretendo passar muito tempo ao lado do meu companheiro.

   Hoje:
   Pretendo limpar a casa, ir à academia, terminar as compras.
   Pretendo escrever meu relatório ou uma carta para meu amigo.

2. Avalie sua lista. Ela pode ter quatro itens, pode ter 24. Elimine os que forem respostas às expectativas dos outros ou coisas que você "tem que fazer". Assim, vão ficar só as intenções mais importantes. São as que vêm do coração.

3. Depois de cada item, escreva a seguinte frase: "... e pretendo me sentir feliz ao fazer isso". Por exemplo:

   "Pretendo transmitir segurança como pai... e pretendo me sentir feliz ao fazer isso".

4. (Este é o passo decisivo!) Olhe bem as frases que escreveu. Olhe profundamente dentro de você mesmo e responda as seguintes perguntas:

   Como me sinto a respeito dessas intenções? Elas são reais, autênticas?

   Essas intenções são compatíveis com meu atual comportamento como pai, por exemplo? Será que sempre tive a intenção de ser um pai feliz?

   Se não, por que não tive a intenção de ser feliz? Que benefícios tive sendo infeliz? (Eis algumas dicas: travei amizades em torno da infelicidade? Fui recompensado por minha família pela infelicidade? Será que sei transformar uma experiência cotidiana numa experiência feliz? Ou será que nem penso em felicidade quando tomo uma decisão?)

Sem a intenção de ser feliz, podemos ser seduzidos pelo desfile de acontecimentos infelizes que a vida nos apresenta. Somos magoados pelos amigos, feridos pela perda de um amor, subjugados por hábitos pouco saudáveis ou por um nível econômico inadequado. Mas a intenção nos dá a oportunidade de acabar com esse desfile. Com a primeira afirmação — "Pretendo ser feliz" — tomamos um caminho que vai alterar nossa vida para sempre.

Felicidade não é uma questão de acontecimentos:
Ela depende das marés da mente.
Alice Meynell

Capítulo 2

Responsabilidade Plena

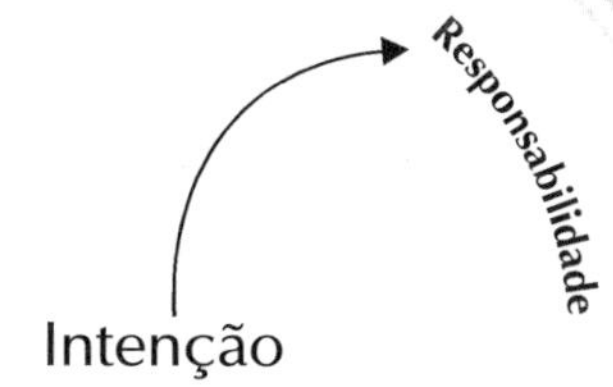

Esta é, em poucas palavras, minha filosofia da felicidade: sinto que sou diretamente responsável pelo que acontece em minha vida.

Mike Carr, vendedor de equipamentos eletrônicos

Se me permitem usar uma mistura horrível de metáforas, entro na área e pego a bola, depois pego o touro a unha e aposto tudo nas minhas cartas — sem chorar sobre o leite derramado.

Joan Hitlin, escultora

Homens superficiais acreditam na sorte, acreditam nas circunstâncias. Homens fortes acreditam em causa e efeito.

Ralph Waldo Emerson

No começo da nossa pesquisa, tínhamos idéias preconcebidas a respeito do que nos torna felizes. Esperávamos que as pessoas felizes nos falassem de relacionamentos bem-sucedidos, de bons empregos e de segurança financeira. Mas aconteceu uma coisa estranha: elas não falaram de relacionamentos, de carreira nem de dinheiro. Quase todas as entrevistas começaram com o mesmo tema: a determinação de criar a própria vida. É isso que chamamos de "responsabilidade plena".

É pela responsabilidade plena que a intenção cria vida. A intenção (Capítulo 1) é um desejo interior de jogar o jogo da felicidade e a responsabilidade plena, sua decorrência natural: a urgência de entrar em campo e chutar a bola.

A palavra *responsabilidade* pode causar confusão: muitos a confundem com a idéia de "ser responsabilizado". Um desgastado conceito cultural nos diz que devemos ser responsáveis, pois é isso que se exige de nós. Essa interpretação está cheia de "deveres" – mandatos vindos de cima. Metaforicamente, é a voz zangada de nossa mãe perguntando por que ainda não limpamos o quarto, como ela pediu.

A responsabilidade plena de que falam as pessoas felizes é outra coisa. É saber que é possível ter o controle da própria vida. É exercer o direito de criar uma vida gratificante, exuberante e rica. É acreditar que merecemos ser felizes e que podemos cuidar de nós mesmos. É a certeza de que, venha o que vier, somos capazes de seguir em frente – de fazer algo de bom e de importante.

E por que isso nos torna felizes? Mike, de 27 anos, nos deu esta descrição instantânea:

> *É muito mais gratificante assumir a plena responsabilidade por si mesmo do que ser uma vítima. Eu sou o único responsável pelo que acontece em minha vida. Não ponho a culpa em ninguém. Tenho certeza de que sou capaz de enfrentar qualquer coisa que surja em meu caminho.*

As pessoas felizes não se vêem como vítimas, nem sob as circunstâncias mais difíceis. Para elas, o importante é encontrar soluções para os problemas e fazer o possível para tornar a vida melhor.

Há uma diferença entre responsabilidade plena e responsabilidade no sentido comum. Apesar das semelhanças, a última nem sempre abrange a primeira. As pessoas responsáveis no sentido comum fazem tudo o que se exige delas – pagam as contas, põem o lixo para fora, trabalham, seguem as regras. Em suma, são bons cidadãos e nós as admiramos.

Mas isso não quer dizer que sejam felizes. Principalmente quando culpam o patrão, reclamam dos filhos e permitem que os acontecimentos externos controlem sua vida. É importante ser responsável nesse sentido comum, mas sendo plenamente responsáveis nós tomamos a dianteira: melhoramos nossa qualidade de vida sendo proativos em vez de reativos. Criamos as circunstâncias em vez de deixar que elas mandem em nós. Como criadores da própria vida, somos plenos. Sentimo-nos satisfeitos e capazes. A miríade de caminhos que as pessoas felizes criam na própria vida é o tema deste capítulo.

A felicidade depende de nós.
Aristóteles

A História de Kathryn — Parte Dois

(continuação do Prólogo)

Receber dinheiro para fazer sexo com um estranho pode ter sido meu pior momento, mas sei agora que os outros problemas que eu tinha também me ameaçavam a vida. A bulimia, o sexo promíscuo, meu estilo de vida em geral. Eu era uma crise esperando para acontecer.

A idéia de que eu mesma me fazia infeliz demorou a me ocorrer. Mas finalmente entendi. Foi quando um amigo pintou um quadro horrível do que eu me transformara: o pior inimigo da pobre vítima que eu era.

A verdade é que usava a culpa como muleta emocional – culpava meus namorados por me tratarem mal, a sociedade por minha péssima auto-imagem, meus pais por terem me dado falsas expectativas. Mas, acima de tudo, culpava a vovó K por ter arruinado minha vida.

Eu tomava sempre as mesmas decisões – que sempre me criavam problemas. Mas começou a me dar vontade de mudar. Então, pela primeira vez depois de anos, fiz uma coisa positiva. Entrei num grupo de apoio para mulheres.

Foi quando entendi a noção de escolha. O grupo me forçou a assumir uma perspectiva inteiramente nova. E eu me forcei a trabalhar sob o pressuposto de que tudo era escolha minha – em vez de achar que não tinha escolha. Percebi que, até certo ponto, eu podia controlar o que acontecia. Examinava cada movimento meu com um microscópio. "Por que fiz esta escolha? O que ganhei com ela?" E o mais importante: "Que escolha vai me dar o que realmente quero?"

As coisas estavam começando a melhorar para mim. Embora ainda me sentisse perdida, a vida não estava mais tão estressante. Sabia que havia algo melhor. Só não sabia o que era.

Há coisas que "têm que ser". Acho que é a vida nos oferecendo uma oportunidade de mudar. Ou é um momento em que estamos tão prontos para mudar que ficamos receptivos. Seja como for, um desses momentos aconteceu comigo.

Eu começava a tomar decisões melhores quando entrei pela primeira vez num clube de dança de salão. Foi como se tivessem soltado fogos na minha cabeça. Foi um momento inesquecível de clareza. Brilho, luzes e música. Eu queria ser um dos instrutores que ensinavam aqueles passos de dança. Adorei aquela atmosfera.

Tudo mudou para mim nessa noite. Minhas melhores lembranças voltaram à vida. Por um momento, voltei a ser aquela bailarina de 8 anos voando pelo ar. E, girando pela pista de dança, tirei dos ombros o fardo que representavam meus pais e o fantasma da vovó K. Eu queria ter para sempre aquele sentimento de leveza. Prometi a mim mesma que a dança faria parte da minha vida.

Pela primeira vez em muito tempo, levei avante um compromisso. Gastei cada centavo que tinha em aulas de dança e todas as noites praticava no meu quarto por horas a fio. Eu tinha dom para aquilo. Em seis meses larguei meu emprego e me tornei uma instrutora de dança. Depois de um ano, decidi trabalhar por minha conta.

Mandei imprimir alguns milhares de folhetos e os distribuía na hora do almoço. O trabalho foi duro e a receptividade mínima. Aquela vozinha dentro de mim dizia: "Esquece, isso não vai dar certo". Mas dessa vez eu me recusei a culpar o mundo. Continuei.

Depois de algumas semanas, já com dezesseis alunos, aluguei uma sala. Quando não estava dando aula, saía à procura de novos alunos. A idéia de estar "escolhendo" me motivava. Mesmo sabendo que muitas coisas estavam completamente fora do meu controle, a simples perspectiva de ter algumas possibilidades de escolha já modificava tudo.

Uma coisa foi puxando a outra. A propaganda boca a boca foi trazendo mais alunos. Contratei outra professora de dança para trabalhar comigo. Mas eu ainda era bulímica e sabia que, para ser realmente feliz, precisava enfrentar tudo o que me atrapalhava. Esse problema não consegui resolver sozinha, mas com muito trabalho e ajuda profissional, superei a bulimia.

Eu estava começando a ficar otimista. Tinha começado um negócio. Estava recuperando a saúde e me tratando melhor. Tinha parado de culpar minha família por meus problemas. Tudo parecia ir bem. Mas, acreditem, ainda havia muitas pedras no caminho.

(Continua no Capítulo 8)

O Jogo da Culpa

Entre os comportamentos que caracterizam as pessoas felizes, há um que se destaca. Elas rejeitam a culpa em todas as suas modalidades: não culpam as outras pessoas, não culpam as circunstâncias e não culpam a si mesmas. Para elas, a culpa não tem serventia, pois nunca nos dá o que realmente desejamos.

Na verdade, nossa pesquisa mostra claramente que a culpa e os primos dela — a ganância, a inveja e o ciúme — estão entre os indicadores mais gritantes de infelicidade. São reações que não levam a parte alguma, pois não passam de maneiras de driblar a responsabilidade. Além da breve satisfação de apontar o dedo para alguém, a culpa só serve para nos deixar presos ao ressentimento.

Ser plenamente responsável é ser mestre do próprio destino. Como tal, levamos em conta nossas verdadeiras emoções — amor, raiva, tristeza, alegria.

Como descobrir esses sentimentos autênticos? Descobrindo qual é a "minha participação".

A Minha Participação

Imagine esta cena: duas amigas estão sentadas num bar com mesinhas na calçada, falando de seus problemas. Uma delas não está feliz. Na verdade, acabou de ter uma desavença com uma colega. Acha que foi maltratada e se sente traída, zangada e coberta de razão. Explicando a situação para a amiga, ela faz uma lista das ofensas da colega: "Você nem vai acreditar no que ela me disse. Espere até eu contar o que ela me fez".

Num esforço para se sentir melhor com relação a si mesma, nossa pessoa infeliz dirige todas as suas energias para o tratamento que recebeu da outra. Mas nada faz para compreender a si mesma.

Agora imagine a mesma cena: duas amigas conversam numa mesa de bar. Mas, desta vez, a amiga com problemas é uma pessoa feliz e a conversa é muito diferente. Nossa amiga, que é plenamente responsável pela própria vida, também está zangada e aborrecida, mas aborda a situação de outra maneira. "Qual foi a minha participação nisso tudo?" pergunta ela. "O que eu fiz? Como posso mudar as coisas? O que posso aprender com essa experiência?"

Com isso, ela não está culpando a si mesma. Está examinando com maturidade o que pode ser realisticamente modificado em sua vida. É assim que as pessoas felizes controlam o próprio destino. E é assim que podemos compreender melhor nossos sentimentos e motivações.

Quando respondemos à pergunta: "Qual é minha participação?" nós nos sentimos melhor, mais felizes. Por quê? Porque estamos nos voltando para a única coisa que podemos modificar – nós mesmos. Damos a nós mesmos o poder de superar a situação, em vez de sucumbir a ela na tentativa de modificar a outra parte.

Pensar na "minha participação" depois de sofrer um ataque pode não parecer uma reação intuitiva. Mas é isso o que fazem as pessoas felizes.

Quero escutar a mim mesma e não os outros.
Gertrude Stein

Valerie e a Contadora Irresponsável

Valerie, proprietária de uma bem-sucedida empresa de congelados, nos foi indicada por um crítico especializado em gastronomia, que a rotulou como a pessoa mais feliz que conheceu em suas viagens. Diante de tal recomendação, fizemos o possível para conhecê-la. Depois de localizá-la num bairro londrino, marcamos um encontro numa confeitaria para conversar e tomar chá com torradas. O assunto foi a responsabilidade plena.

Seis meses antes, Valerie tinha enfrentado uma situação difícil ao se ver obrigada a demitir Jackie, uma contadora em quem confiava. Depois de uma longa investigação, tinha ficado evidente que Jackie vinha forjando cheques e roubando pequenas quantias em dinheiro, o que causou ao todo um prejuízo de 30.000 dólares à empresa.

Diante disso, a reação mais comum é ter pena de Valerie, vítima inocente do crime de Jackie. Mas será que é isso mesmo?

Eu tinha duas escolhas nesse caso. Podia me concentrar no comportamento de Jackie ou analisar o meu. O dinheiro tinha ido embora e Jackie também. Continuar a atacá-la seria perda de tempo.

Eu sabia que, como patroa de Jackie, eu tinha tido uma participação importante nesse episódio. Embora não fosse uma participação intencional, eu precisava impedir que o incidente se repetisse.

Depois de muito me questionar, cheguei a uma dura conclusão: eu não tinha estabelecido limites claros para os empregados e nem especificado as expectativas da empresa.

Valerie tinha sido irresponsável consigo mesma, com seus empregados e com sua empresa. Tinha criado uma dinâmica de trabalho ineficaz, sem nenhum controle interno, especialmente no que diz respeito aos serviços de contabilidade.

Como resultado dessa autocrítica, Valerie modificou a dinâmica interna da empresa. E o mais importante: depois de descobrir *o que* tinha acontecido, ela quis descobrir o porquê.

Eu queria desesperadamente criar uma atmosfera familiar e aconchegante no trabalho. Acho que não me importava comigo mesma e com a empresa: eu queria ser amada. Esse é um padrão que aprendi com minha mãe. Como nunca tive limites claros quando criança, não consegui fixá-los para meus empregados. No fundo eu sabia que alguma coisa não ia bem, mas preferi fechar os olhos. Estava tentando ser a mãe de todo mundo.

Quem é plenamente responsável por si mesmo não se contenta em descobrir *o que* aconteceu: quer sempre saber *por quê*. É assim que descobrimos os padrões emocionais ocultos que nos são prejudiciais. O desejo de chegar à origem do problema levou Valerie a um conjunto de soluções muito mais abrangentes. Além de estabelecer uma nova dinâmica de trabalho e novas políticas pessoais, ela tirou ainda mais proveito dessa oportunidade, ao tomar consciência de um antigo padrão familiar e modificá-lo. É aí que está o grande benefício. Sem essa mudança fundamental, Valerie continuaria vulnerável a problemas do mesmo tipo.

É doloroso
Olhar para o próprio problema e saber
Que foi você e ninguém mais que o provocou.
Sófocles, Ajax, *c. 450 a.C.*

Era Tudo Culpa Dela

Fascinado com nossa pesquisa, James concordou em nos dar uma entrevista. Ele tem 68 anos e gostaria de ser mais feliz. É um homem amargo que se sente manipulado pela mulher, Dena. Mas há vinte anos tem um caso escondido dela. E fica se justificando:

> *Eu não teria esse caso se Dena gostasse mais de sexo. Ela é fria e competitiva, tem uma língua ferina e é uma artista quando se trata de me derrubar. Faz 35 anos que grita comigo. Acreditem: eu fiz o que pude e nunca gritei com ela. Para sobreviver precisei me desligar.*

James acha que ele é a parte prejudicada. Sentindo-se maltratado pela mulher, ele a acusa de empurrá-lo para os braços da outra. Perguntamos se ele teria um papel nisso tudo, mas isso ele não conseguia ver:

> *Dena é tão difícil que seria impossível discutir esse assunto. Tentei conversar com ela sobre mudanças no relacionamento, mas não deu. O que eu podia fazer?*

Em vez de tomar uma atitude proativa, no sentido de melhorar as coisas, James é *conivente* com Dena na perpetuação da infelicidade dos dois.

Como é essa conivência? Ele alega ser uma vítima passiva do comportamento de Dena, embora esteja, na realidade, ativamente envolvido. A passividade de James é uma camuflagem para a irresponsabilidade. Sem intervir, ele permite passivamente que a situação continue e se omite do diálogo que poderia melhorar as coisas. Mas, acima de tudo, é desonesto, pois oculta informações deliberadamente. De posse delas, Dena poderia tomar algumas decisões com relação à própria vida.

Acho que, de qualquer forma, Dena não se envolveria com outro homem. É assim que ela quer viver. Ela é a prova de que eu tenho razão... A cada ano ela se torna mais distante.

É como jogar pôquer com quatro azes na manga. A informação que James oculta controla o andamento do jogo e o destino dos jogadores: Dena, James e sua amante. Apesar de ter o controle da situação, James acredita que foi Dena que lhe deu cartas ruins.

São três pessoas presas numa trágica teia de culpa, falsos juízos e falsas expectativas. Embora se julgue impotente, James detém o poder há anos. Se fosse plenamente responsável e dissesse a verdade, daria aos três a possibilidade de uma vida mais feliz. A dele com certeza teria sido bem mais feliz.

Tome sua vida nas mãos e o que acontece?
Uma coisa terrível: não haverá ninguém para culpar.
Erica Jong

As Nossas Defesas

James atribui seus problemas à mulher para não ter que aceitar a responsabilidade plena por ser infeliz. Essa atitude defensiva o deixa cego à verdade da própria vida.

Todos nós temos sistemas de defesa – estratégias que adotamos quando crianças. São paredes emocionais que construímos na infância para nos proteger dos ataques de pessoas mais velhas, maiores e mais poderosas do que nós. Quanto mais altas as paredes, menos vulneráveis nós nos sentíamos.

Como adultos, ainda temos alguns desses pontos sensíveis. E vamos adquirindo outros ao longo do caminho. Assim, nós ainda nos sentimos vulneráveis e às vezes reagimos evocando nossas defesas.

Será que essas velhas estratégias realmente nos protegem? Elas nos dão segurança? Em geral, elas só nos atrapalham e tendem a nos aprisionar. Resquícios do passado, as defesas limitam nossas escolhas, atrapalham nossas reações e nos impedem de perceber as dos outros. Elas nos isolam dos relacionamentos, idéias e possibilidades: os componentes de uma vida mais feliz.

Adotamos estratégias de todos os tipos para nos defender. Em geral não temos consciência delas, mas nos outros é fácil reconhecê-las. Alguns exemplos:

- O colega de trabalho que tem crises de raiva para camuflar os próprios erros.

- A mulher que se fecha em silêncio mortal quando está diante de um tópico desagradável.
- O adolescente que se faz de bobo para fugir do assunto.
- O patrão que sempre tem razão em vez de admitir que você pode ter uma solução melhor.

Passamos a vida inteira aperfeiçoando as próprias defesas. Quando nos sentimos ameaçados, zangados ou vulneráveis, lançamos mão delas, mesmo que essa seja a pior opção. Por quê? De tão arraigadas, elas se transformam em reações automáticas. Precisamos tomar consciência delas, porque senão não teremos escolha.

Em momentos difíceis, as pessoas felizes não ficam na defensiva; elas ficam mais abertas. Dispostas a ser vulneráveis, elas não têm medo da honestidade e da intimidade. Fogem dos julgamentos negativos dos outros e procuram ser ainda mais receptivas e compassivas. A experiência que tivemos com essas pessoas ilustra esse ponto. Embora não nos conhecessem, elas nos receberam com calor e generosidade, sem suspeita nenhuma.

Ninguém é completamente destituído de defesas. Mas para ser feliz é preciso minimizar a atitude defensiva: é isso que determina nosso grau de liberdade para viver a riqueza e a textura da vida e das pessoas.

O próximo exercício vai lhe dar a oportunidade de ter mais consciência das defesas que aperfeiçoou ao longo dos anos.

As Defesas

Segue-se uma lista das estratégias de defesa mais comuns. Nós as usamos no treinamento de equipes que enfrentam crises de comunicação. Os altos executivos, geralmente muito defensivos, são os mais interessantes. O que começa como uma calma conversa sobre comportamento no trabalho acaba se transformando numa análise empolgante da vida pessoal e do papel da defesa no casamento, nas amizades e no relacionamento com os filhos.

O simples fato de falar sobre nossas defesas costuma nos deixar mais abertos e menos defensivos. Dê uma olhada na lista e procure identificar as defesas que você usa com mais freqüência.

1. Perder o humor
2. Ficar ofendido

3. Usar a força física
4. Fazer-se de bobo
5. Precisar ter razão
6. Querer dar a última palavra
7. Buscar uma enxurrada de informações para provar alguma coisa
8. Explicar e racionalizar interminavelmente
9. "Sou uma vítima – pobre de mim!"
10. Ensinar e dar sermões.
11. Rigidez – "Não quero mudar!"
12. Negar – "Não vejo problema nenhum"
13. Fechar-se num silêncio mortal
14. Ser cínico
15. Ser sarcástico
16. Caçoar dos outros
17. "É assim que eu sou!"
18. Ser extremamente crítico
19. Recusar-se a negociar
20. Culpar os outros
21. Ficar doente de repente
22. Ficar confuso
23. Ficar cansado de repente
24. Ficar enlouquecido – a defesa da insanidade temporária
25. Intelectualizar
26. Ser excêntrico
27. Ser bonzinho demais
28. Ouvir só o que quer ouvir
29. Contra-atacar
30. Guardar ressentimento
31. Trivializar por meio do humor
32. Rir fora de hora
33. "Eu não queria mesmo..."
34. "Eu já sabia"
35. Depreciar a si mesmo

Depois de ler a lista, responda às seguintes perguntas:

- Vale a pena usar suas estratégias de defesa?
- Quando você as usa mais freqüentemente?
- Que tipo de comportamento desencadeia essas reações em você?

Pense numa situação em que você reagiu defensivamente:

- Como substituir as reações defensivas por reações plenamente responsáveis? Como ser mais aberto, mais participativo, mais despojado?

Como já dissemos, temos o poder de escolher como queremos ser. Podemos ser rígidos em nossas opiniões e teimar que estamos certos ou podemos ser abertos e buscar a verdade. Podemos nos fechar e nos isolar das pessoas ou podemos ser mais vulneráveis e deixar que os outros saibam quem realmente somos.

Quando têm uma atitude defensiva, as pessoas felizes perguntam a si mesmas: É assim que eu quero ser? Essa reação vai adiantar?

Em geral, a resposta é não.

Liz e a Família que Não Ouve

Aos 35 anos, casada e mãe de dois filhos, Liz ainda fica transtornada com os pais e as irmãs mais velhas. Essa família se especializou em duas estratégias de defesas conflitantes: gritar e não ouvir. Aperfeiçoadas ao longo de décadas, essas estratégias transformam qualquer questão numa guerra de vontades. A verdadeira técnica é o ataque: desarmam o oponente sobrecarregando-o com informações. O raciocínio é: se eu for o último a falar, eu ganho.

Mas Liz tem uma arma secreta. Joan, irmã de Liz, comenta: "Não dá para entender, mas Liz é a única pessoa da família que se dá bem com todo mundo".

Qual é o segredo de Liz? Há muito tempo ela desistiu da necessidade de estar sempre certa e deixou de participar da competição da família.

> *Eu amo minhas irmãs, mas é horrível quando há uma decisão a ser tomada. Planejar as bodas de ouro dos nossos pais não foi exceção.*
>
> *Quando nos reunimos, cada uma já tinha uma opinião formada sobre o que devia ser feito, quem devia fazer o quê, quem devia ser convidado, etc. Elas, então, começaram imediatamente a atacar as idéias umas das outras e interrompê-las assim que começavam a falar. Mas nesse dia tomei a decisão consciente de não participar do ataque.*
>
> *Substituí meu impulso de atacar por uma atitude mais generosa. Procurei compreender o que elas queriam, pondo de lado as críticas. Elas tinham as idéias delas, eu tinha as minhas.*
>
> *Quando elas finalmente pararam de gritar, fiz uma coisa que as surpreendeu. Pedi mais informações. Foi difícil, pois eu estava vulnerável e na defensiva. Mas sei que aquele era o momento mais oportuno para fazer isso.*

Mesmo numa situação tão hostil, Liz prolongou ainda mais a conversa. Parece até que ela queria se castigar. Como é que isso contribuiu para sua felicidade?

Ao ter boa vontade para ouvir, Liz reduziu a necessidade que as irmãs tinham de atacar. Percebendo que Liz as ouvia, elas baixaram a guarda e deram informações honestas e precisas. O nível de tensão caiu. A conversa ficou menos acalorada e mais razoável. E o mais importante: quando terminaram o que tinham a dizer, as irmãs estavam abertas para ouvir as idéias de Liz.

Tenho cuidado para não culpá-las e nunca digo que estão erradas. Exponho minhas opiniões e explico por que acho que são importantes.

Essa é a forma plena da responsabilidade. Liz assume a plena responsabilidade pelos próprios sentimentos com relação à situação e com relação a si mesma. Observem que é Liz, e não suas irmãs, que viabiliza a situação.

As irmãs dela ainda não se deram conta disso. Mas sabem que adoram a companhia de Liz. É só quando ela está presente que conseguem resolver alguma coisa.

Supere a Responsabilidade Onipotente

Liz preserva o afeto da família ao abandonar suas defesas, sem achar que é responsável pelas irmãs. Ela escuta, faz acordos e os mantém. Não acha que qualquer um consegue ler sua mente: comunica-se com clareza e honestidade. Além disso, deixa que as irmãs sejam quem são.

Ser plenamente responsável com relação aos outros não é co-dependência nem querer fazer o papel de Deus. Pelo contrário: é fazer questão de que os outros também sejam plenamente responsáveis por si mesmos. Assumir a responsabilidade "onipotente" por pessoas capazes de se responsabilizar por si mina a integridade dos nossos relacionamentos mais importantes — aqueles que temos em casa e no trabalho.

Rei Artur em Ação

No Capítulo 1, vocês foram apresentados a Max, que aprendeu sobre a "intenção" quando menino, graças à lenda do Rei Artur. Adulto e morando em New England, ele continua a usar o Rei Artur como guia, na vida profissional e pessoal.

Max é considerado o gerente mais bem-sucedido da empresa e está cotado para uma promoção. Mas ele é um enigma. Apesar de ser muito exigente, os funcionários o adoram. Seu departamento é o mais produtivo, mas é onde os empregados mais se divertem. Todos os meses eles superam as expectativas de desempenho. Max passa pouco tempo no escritório, mas seu grupo é o que obtém a maior lucratividade.

Qual é a chave desse sucesso?

Meus objetivos para a equipe são diferentes dos objetivos dos outros gerentes. Viso a resultados excelentes por meio da plena responsabilidade pessoal. Minha regra principal é: ninguém põe a culpa em ninguém. Temos um acordo: não há fofoca, punhalada pelas costas, desculpas nem queixas – o importante é procurar uma solução. Quem culpa o outro fica olhando para trás. É impossível olhar para trás e para a frente ao mesmo tempo. Para mim o importante é aprender com o passado e fazer o futuro melhor, e não achar o culpado. É perda de tempo.

Já estive num milhão de seminários sobre liderança. Ainda acho que o Rei Artur tem a melhor técnica. Sua tarefa era criar um ambiente propício ao crescimento de seus cavaleiros.

Meu papel dentro da equipe é ser claro, honesto e direto. Estou sempre disponível para quem precisa da minha ajuda. Mas, se fizer o trabalho dos funcionários ou encobrir seus erros, vou estar assumindo a responsabilidade por eles. Isso aleija as pessoas.

O resultado: confiamos uns nos outros. Essa é a argamassa que une a equipe.

Para conseguir essa produtividade, Max assume plena responsabilidade por si mesmo e espera que seus funcionários façam o mesmo. O resultado é uma equipe confiante e sem atritos, em que todos se sentem apoiados e sem motivo para ter medo: ninguém é o bode expiatório, ninguém sonega informações e ninguém fala de ninguém pelas costas. Max tem uma equipe feliz porque tem uma equipe plenamente responsável.

A Felicidade É o Inferno das Vítimas

A felicidade não é fácil quando a vida é dura. É difícil ser plenamente responsável em meio a uma situação triste ou frustrante. É ainda mais difícil diante da tragédia. Mas, mesmo quando se é a vítima de uma situação, colocar-se como tal enfraquece seriamente a chance de se recuperar a felicidade.

Ninguém precisa ser vítima, ninguém precisa aceitar esse papel. Com essa recusa, até a mais infeliz das pessoas tem o potencial de fazer coisas extraordinárias por si mesma. Quando são magoadas, as pessoas felizes modificam com coragem as circunstâncias. É o caso das três histórias que se seguem.

Hannah e os Nazistas

Entrevistamos Hannah em sua casa de trezentos anos, que fica à beira de um sinuoso canal, no coração de Amsterdã, na Holanda. Todas as salas estão cheias de quadros, cada um com sua história. Hannah tem mais de 70 anos, é viúva e médica aposentada. Tem muito orgulho dos filhos e dos netos e é uma pessoa otimista e agradável. Hannah era adolescente na Segunda Guerra. Mas sua fisionomia afetuosa não combina com o que viveu nessa época.

Quando os Nazistas invadiram a Holanda, Hannah, que era a caçula de uma família judia, foi viver com amigos da família na Bélgica. Pouco depois, seus pais e irmãos foram levados para campos de concentração. Durante a guerra, Hannah arriscou a vida na resistência aos nazistas sem saber o que tinha acontecido com os pais, os tios e os primos. Quando o horror terminou, a maior parte da família tinha desaparecido em Auschwitz.

Alguém negaria que Hannah foi vítima de uma incrível crueldade? Como é que alguém consegue ser feliz depois dessa tragédia? Como é que Hannah consegue tocar o piano que "herdou" de uma prima que nunca voltou do campo de concentração, e não ter vontade de se vingar?

Esses acontecimentos foram tão horríveis, tão traumáticos, que levei alguns anos para me reconciliar com eles. Mas nunca me considerei uma vítima do que aconteceu durante a guerra. É claro que fui muito magoada. Sinto extrema tristeza, dor e perda. Mas ficar me sentindo vítima? Não, isso só serviria para manter vivo o horror.

Não vou me deixar escravizar pelo passado. Desde o início, o que me interessa é impedir, de maneira positiva, que isso aconteça de novo. Ser uma vítima, culpar os nazistas, de nada adianta...

Podemos questionar a atitude de Hannah, acreditando que em tais circunstâncias seria mais saudável, apropriado e terapêutico ter algum ressentimento. Ela sofreu. Não tem o direito de se sentir vitimada?

Escutem. Minha família vive pacificamente em Amsterdã há mais de quatrocentos anos. Deixar que cinco anos de atrocidades arruínem a lembrança dos outros 395 seria uma tragédia pessoal. Se eu me sentisse vítima dos nazistas, eles teriam um poder perverso sobre mim. Eu estaria nas mãos deles e, cinqüenta anos depois, eles continuariam me prejudicando e prejudicando minha família. Deixar que o passado se vá é o que leva à felicidade.

A atitude de Hannah diante do nazismo é surpreendente. Mas considere o seguinte: se ela se agarrasse à posição de vítima, não faria mal à própria família? Sua atitude não afetaria a segurança e o bem-estar dos filhos? Teria conseguido construir um casamento feliz? Daria para ser ao mesmo tempo uma vítima e uma médica bem-sucedida? Ela vive tão bem e tão feliz porque assumiu o poder sobre a própria existência — resgatou sua vida das mãos dos algozes.

Responsabilidade Plena no Alabama

Se a vida extraordinária de Hannah na exótica Amsterdã lhe parece algo muito distante, pense então numa tranqüila cidadezinha no interior do Alabama.

Viajando de carro pelo sul do país, paramos para comer e aproveitamos para perguntar quem era a pessoa mais feliz daquela cidade. Jerry foi a escolha unânime. Uma escolha surpreendente, quando se leva em conta sua história.

Assim como a casa de Hannah, a de Jerry também é uma autobiografia visual. As paredes estão cheias de fotos de família, de recortes amarelados de jornal com fotos das bodas de ouro dos pais e de fotos de colégio do início dos anos 50.

Jerry e sua mulher cresceram nessa cidade, assim como seus pais. Juntos, montaram uma loja de ferragens e com isso se sustentaram e criaram os quatro filhos. Jerry tem muito orgulho da vida que leva. Fez escolhas deliberadas para garantir sua felicidade: faz as coisas de que mais gosta com as pessoas que mais ama. Membro ativo de uma meia dúzia de organizações comunitárias, ele agradece a Deus pelas bênçãos recebidas.

Em 1988, a vida perfeita de Jerry desmoronou. Steven, seu filho mais novo, foi morto numa estrada por um motorista bêbado que perdeu o controle do caminhão.

A morte de um filho parece inimaginável para qualquer um de nós. E, numa comunidade tranqüila, que nunca tinha tido um acidente, a morte de Steven foi especialmente traumática. Mesmo assim, Jerry não culpa ninguém:

> *Nem imaginava que é possível sentir tanta dor. Mas culpar os outros, não! Nunca me propus a procurar culpados. Isso é trabalho da companhia de seguros.*
>
> *Sou um pai que perdeu o filho. Minha tarefa é me curar e curar minha família. Precisei encontrar sentido nessa tragédia e tomar medidas para que isso nunca mais aconteça nesta cidade. Sobreviver já foi difícil. Culpar os outros teria desviado minha atenção das tarefas que eu tinha à minha frente.*

Essas tarefas eram sentir a dor e se curar. Jerry as assumiu e aos poucos superou a terrível sensação de perda. Compreendendo a natureza efêmera e preciosa da vida, Jerry e sua mulher começaram a aproveitar melhor seu tempo aqui na Terra. Começaram a viajar todos os anos para lugares exóticos e agora têm entre seus amigos pessoas da Venezuela, Tailândia e Marrocos.

Jerry ainda chora pelo filho perdido; chorou abertamente durante a entrevista. Mas, em vez de se isolar numa névoa de amargura, ele encontrou motivação na morte de Steven. (O delicado processo de superação dessa tragédia será tratado no Capítulo 3).

O Corpo é o Maior Culpado

Há poucas experiências mais devastadoras do que uma doença fatal. É quando nos sentimos mais vulneráveis. Traídos pelo próprio corpo, pomos a culpa em nós mesmos e nos transformamos em nossa própria vítima. Que forma assume essa culpa?

- Será que "desejei" ter essa doença?
- Eu não teria câncer se tivesse comido mais brócolis.
- Se eu tivesse reduzido meu nível de *stress*...

Parece impossível ser feliz diante de uma doença grave, mas a culpa torna a felicidade ainda mais inacessível. Nesses momentos, o importante é se sentir capaz e equilibrado – e a atitude proativa é vital para criar esse sentimento.

Na época da entrevista, Patricia estava se recuperando de uma mastectomia radical, seguida de quimioterapia e radioterapia. Quando soube que estava doente, essa respeitada prefeita de uma cidade universitária do meio-oeste foi franca com seus constituintes. E todos a ajudaram e a animaram.

O prognóstico inicial foi assustador: um câncer agressivo com possíveis metástases. Mas agora a situação estava sob controle e os médicos achavam que a recuperação seria total.

> *Primeiro achei que eu tinha causado o câncer. Mas então outras emoções vieram à tona: esperança, curiosidade, raiva, energia. Eu queria mesmo era superar essa fase com otimismo – acreditando que o tratamento daria certo a despeito de meus medos. Foi assim que consegui ser plenamente responsável por mim mesma.*
>
> *Eu enfrentava o câncer dizendo: "Meu corpo pertence a mim e não aos médicos". Fiz questão de participar de todas as discussões sobre o meu caso e de ter a palavra final sobre o curso do tratamento.*
>
> *Fiz muitas pesquisas e procurei aprender o máximo possível. Passei muitas horas na biblioteca e na Internet. Procurei todos os especialistas que achei. Entrei para um grupo de apoio de mulheres com câncer de mama. E passei muitos dias com meu marido, discutindo as possibilidades e soluções. Além disso, passei muito tempo sozinha, sondando minha alma.*
>
> *Não perdi tempo sentindo pena de mim mesma. Todo mundo tem períodos difíceis e esse foi o meu. Não esperava por isso e certamente não queria nada disso. Mas vivi plenamente essa fase. Nenhuma parte da minha vida se perdeu – sentimentos, experiências, decisões, riscos – é tudo meu. Eu me sinto mais plena e mais saudável por ter superado esse período nos meus próprios termos.*

Quando assumimos o controle da situação, sentimo-nos mais competentes. Fizemos o melhor possível, não deixamos de examinar nenhuma possibilidade. E nos demos liberdade para sentir medo, tristeza e raiva, assim como esperança e alegria.

Como comprova uma ampla pesquisa médica, os pacientes que sentem que têm um certo controle sobre a própria doença colhem alguns benefícios. Eles têm mais sucesso nos tratamentos, são mais felizes e se recuperam mais depressa. A plena responsabilidade pessoal afeta a fisiologia: o comportamento afeta a bioquímica.

Tendo a intenção de ser felizes e a plena responsabilidade por nós mesmos, como descobrir o que realmente nos traz felicidade? Como você vai ver no Capítulo 3, isso se descobre por meio de uma técnica profundamente pessoal — a identificação.

A autopiedade é nosso pior inimigo e quem se entrega a
ela nunca faz nada de sábio neste mundo.
Helen Keller

Capítulo 3

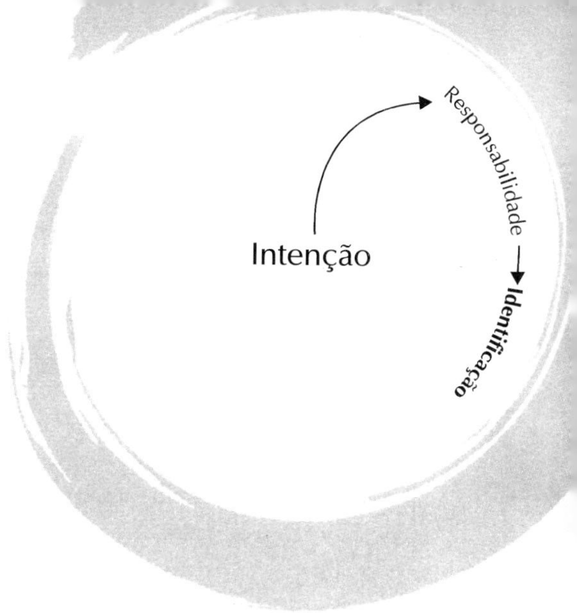

Identificação

Como vivo feliz? Escuto meu coração.

Paul Hardin, contador

Os ricos comuns podem ser roubados; os verdadeiros ricos, não. Na alma há coisas infinitamente preciosas que não podem ser tiradas de você.

Oscar Wilde,
The Soul of Man Under Socialism, 1891

Algumas pessoas nos dizem como é que se faz para ser feliz. Outras querem nos vender uma fórmula de felicidade. Só que a noção que elas têm de felicidade não é a nossa. A família, os amigos, as instituições e a mídia nos bombardeiam com suas versões de felicidade.

A outra escolha, depois da responsabilidade plena, é decidir por nós mesmos o que nos faz felizes. Isso exige muita boa vontade com relação a si mesmo. É preciso amar a si mesmo para penetrar na alma e identificar as próprias necessidades, aspirações, interesses e paixões. Só quem tem muita auto-estima consegue identificar o que quer e priorizar sua vontade, em vez de aceitar idéias alheias de felicidade.

Esse ato de auto-afirmação é o processo de identificação — a escolha que as pessoas felizes fazem para descobrir o que realmente as faz felizes. Elas não vivem de acordo com as mensagens de felicidade que os outros enviam: compre este produto, entre para este clube, siga esta ideologia. Elas olham lá no fundo de si mesmas para descobrir o que lhes traz felicidade. Mas não é só de vez em quando ou só quando acontece alguma coisa especial que agem assim. As pessoas felizes — como Peter — fazem isso naturalmente, todos os dias.

Pergunte a si mesmo o que você sabe.
Senão, vai continuar a ouvir os outros e não vai haver mudança,
porque você não ouve a própria verdade.
São Bartolomeu

Vire a Vida de Ponta-Cabeça

Peter tem muita energia e entusiasmo e acorda todas as manhãs ansioso para começar seu dia. Mas nem sempre foi assim. Ele lembra que numa manhã de primavera, há poucos anos, caminhava com o pai ao longo do Rio Delaware, falando de seu descontentamento.

Minha vida não está legal. Preciso mudar alguma coisa, mas não sei o quê.
Meu pai comentou: "Você sempre quis o que não tem. Para você, Peter, a grama é sempre mais verde do outro lado da cerca. Veja só! Você tem um bom emprego, uma mulher maravilhosa, uma filha bonita, tudo o que quer. É a vida que todo mundo quer!"

Ele tinha razão e eu me senti egoísta. Com tudo isso para me fazer feliz, eu não tinha o direito de reclamar. Mas como a insatisfação não desapareceu, comecei a me fazer perguntas. No início, eram perguntas comuns: do que preciso para ter mais sucesso? Dá para estabelecer novas metas? O que mais eu poderia comprar para ser mais feliz?

As respostas foram as de sempre – com os resultados esperados. Tive ainda mais sucesso no trabalho e me dei de presente um carro novo. Mas a satisfação durou pouco. Faltava alguma coisa. Assim, continuei a me fazer perguntas.

Um dia, tropecei numa pergunta muito mais pessoal: "O que me faz realmente, autenticamente, honestamente, profundamente, feliz?"

Essa nova pergunta trouxe novas respostas – respostas que nada tinham a ver com dinheiro, carros novos ou com aquilo que eu chamava de sucesso. Tinham a ver com sensações, com experiências, com estética, com emoções e atividades que falam a mim como pessoa.

As respostas de Peter falavam de coisas simples: comer damascos frescos, ver o nascer do sol, nadar, ouvir *jazz* dos anos 20. Ele descobriu também coisas mais pessoais: conversar sobre romances históricos com os amigos, fazer o jantar junto com a mulher, caminhar com o irmão. Pensou também no que mais gostava na prática da advocacia: advocacia política, alguns casos ambientais que tinha defendido, as ocasiões em que conseguiu dar apoio emocional aos clientes.

Eu via e sentia essas coisas com o olho da mente. Não pensava há anos em algumas delas – como pescar. Outras, como cozinhar com minha mulher, estavam há meses esquecidas. Mas o melhor de tudo foi a sensação de alívio que me invadiu – tinha encontrado respostas significativas para mim.

Peter descobriu o que todas as pessoas felizes sabem: o que as torna felizes é exclusivamente pessoal. Não existem duas respostas iguais para a felicidade, porque não existem duas pessoas iguais. O segredo é continuar a fazer perguntas.

Pergunto a mim mesmo várias vezes por dia: "O que me faria feliz agora, neste minuto?" E todas as vezes que me faço essa pergunta fico mais feliz ainda. É uma forma de ficar sintonizado comigo mesmo sem me criticar, de me aceitar como sou.

As coisas e até mesmo as pessoas podem mudar, mas minhas perguntas me permitem ficar em contato comigo mesmo, com meu verdadeiro eu. Além disso, graças a elas abandonei coisas que não são mais importantes para mim.

Ficamos tão envolvidos com as fórmulas de felicidade dos outros que nem criamos uma fórmula própria. Como Peter descobriu, é essa fórmula que faz com que a felicidade a longo prazo substitua a frustração e o vazio.

Faça uma experiência de identificação:

A Lista dos Sonhos

O trabalho com a identificação, em seminários e sessões de treinamento, traz resultados surpreendentes. O simples fato de enunciar a pergunta "O que realmente me faz feliz?" já causou mudanças profundas em muita gente.

Para fazer esse exercício você precisa de um lugar quieto e confortável, material para escrever e um cronômetro.

1. Pergunte a você mesmo: Como estou me sentindo fisicamente agora? Estou animado, deprimido, ansioso, feliz? Anote seu sentimento.

2. Marque quatro minutos no cronômetro.

3. Nesses quatro minutos, faça uma lista de tudo que o faz feliz. Ponha tudo o que lhe vier à cabeça, escrevendo o mais depressa que puder, sem parar para pensar. Inclua coisas grandes e pequenas. Não julgue as respostas. A idéia é deixar vir à tona o que está dentro de você.

4. Quando o cronômetro parar, pare de escrever imediatamente. Anote o que está sentindo. Geralmente o fato de fazer a lista modifica a química do corpo. Muitas pessoas têm uma sensação de leveza ou alegria depois de escrever essa lista. Algumas se sentem relaxadas e outras ficam tristes.

   Por enquanto, não importa o que você pôs na lista. O importante é experimentar o processo de identificação e a sensação que ele dá. Como os damascos frescos de Peter, coisas surpreendentes podem aparecer em sua lista.

5. Estude sua lista. Pergunte a você mesmo:

   - O que sinto com relação ao que escrevi? Estou surpreso? Frustrado?

   - Foi difícil lembrar dessas coisas? Me "deu branco" quando estava escrevendo?

- Será que a lista reflete quem eu sou? Ou será que reflete o que me disseram para gostar e desejar?

Use a identificação a qualquer momento, sempre que estiver diante de uma decisão. Ela vai levá-lo a tomar as decisões que forem as melhores e mais eficazes para você. Pergunte: "Que alternativa/coisas/escolhas vão me fazer mais feliz neste momento?"

Geralmente, o simples fato de pensar no que nos traz felicidade já provoca um certo bem-estar. A identificação traz bem-estar quando sentimos que é possível concretizar nossa visão de felicidade. Nós nos sentimos competentes e fortes.

Mas e se a Lista dos Sonhos o deixar infeliz?

Há quem fique infeliz ao pensar no que está fora do seu alcance – coisas que ama e deseja, mas que não pode ter. É como olhar vitrines sem poder comprar nada.

Se a Lista dos Sonhos o deixar infeliz, não desanime. Nos próximos capítulos, "Prioridade Máxima" e "Remodelação", você pode aprender a implementar sua lista e a lidar com os empecilhos à felicidade.

Nota: guarde a lista – você vai precisar dela no Capítulo 4.

A Felicidade É um Mero Capricho?

A simplicidade do exercício de identificação parece desmentir seu potencial transformador. Margaret, que participou de um de nossos seminários, sempre achou que o desejo de ser feliz é coisa de pessoas superficiais e amantes da boa vida. Terapeuta e escritora, ela se julgava uma mulher culta e empenhada em "contribuir" com a comunidade com seu trabalho. A felicidade pessoal lhe parecia um objetivo bobo, mas a experiência do seminário fez com que mudasse de idéia:

> *A pergunta "O que me faz feliz?" me pareceu superficial. Fiz a Lista dos Sonhos no seminário mas fiquei me recriminando, achando que coisas como "caminhar na praia" e "longos banhos de espuma" eram mesquinhas e insignificantes diante do serviço e do dever.*

Mas à medida que o seminário avançava, a questão da felicidade começou a me tocar. Percebi que, sendo um pouco indulgente, eu poderia melhorar minha qualidade de vida. Senti que não precisava aceitar minha vida como ela era. Foi como se eu fosse seduzida pelo poder de me fazer feliz. Se eu podia me fazer feliz com pequenas coisas, por que não me fazer feliz com coisas grandes? Assim, o processo de identificação acabou tendo um profundo impacto sobre minha vida.

Acredito mais do que nunca que é preciso contribuir com a comunidade. Mas agora acredito também que posso trazer a felicidade para a minha vida. Assim tenho mais disposição, sou mais eficiente e fico menos estressada. Cuido de mim mesma ao mesmo tempo em que cuido da comunidade.

Margaret superou seu maior obstáculo: deixou de achar que não merece o tempo que gasta consigo mesma. Agora ela se ama mais.

O poder das coisas aparentemente triviais da Lista dos Sonhos pode surpreender você, como aconteceu com Margaret. Além das caminhadas na praia e dos banhos de espuma, Margaret lembrou também que as flores também lhe trazem felicidade. Algumas semanas depois do seminário, Margaret, muito contente, nos convidou para ir à sua casa e deparamos com flores por todo canto.

Fico tão feliz com essas flores. A lista foi um sucesso. Agora estou sempre com meu caderninho. Sinto alegria dentro de mim quando escrevo. Minha bolsa está cheia de papeizinhos rabiscados.

Esses rabiscos são as verdadeiras tendências do meu coração. Antes eu achava que a alegria era momentânea e fugidia – o passarinho verde da felicidade que às vezes esvoaçava na minha vida. Mas agora percebi que a felicidade é um estado constante e que está sempre à minha espera, sejam quais forem as circunstâncias da vida.

O processo de identificação pode se estender pelo dia inteiro. O que nos faz mais felizes neste momento? Ouvir *jazz* no *walkman*, planejar uma festa, imaginar uma viagem ao Havaí?

A identificação tem também um ótimo efeito colateral. Ao mergulhar na psique, ficamos mais conscientes de nossa paleta emocional. Fazemos contato com toda a gama de nossas necessidades emocionais, intelectuais e materiais.

Prefiro ter rosas na mesa a ter diamantes no pescoço.
Emma Goldman

Felicidade a Longo Prazo

A identificação faz com que possamos ver dentro de nós mesmos. Traz para fora as escolhas emocionalmente mais saudáveis. Como nos faz ver o que é melhor para nós, ela nos ajuda a evitar impulsos autodestrutivos.

Bonnie e Robert

Era sábado de manhã e o primeiro dia ensolarado da primavera. Bonnie voltava para casa depois da aula de pintura, feliz com a idéia de passar a tarde de folga com Robert, o namorado, com quem morava há três anos. Ia ser tão bom andar pela cidade, olhar as lojas, talvez parar para tomar café – coisas que estavam loucos para fazer, depois de um inverno tão longo.

Bonnie é uma pessoa feliz de verdade e está empolgada com o namorado. Depois de uma sucessão de relacionamentos insatisfatórios, finalmente encontrara um homem gentil e carinhoso. Mas, como o passado lhe deixou algumas inseguranças, ela duvida que possa voltar a ter um relacionamento a longo prazo.

Sentiu uma pontada de insegurança quando chegou em casa e Robert não estava. Ainda por cima, ele tinha deixado um bilhete sucinto demais: "Fui trabalhar, te vejo depois". O bilhete deixou Bonnie inquieta: parecia um sinal de que Robert estava se afastando dela. Uma sensação muito familiar na boca do estômago lhe disse que o relacionamento estava em risco. Por que ele tinha ido trabalhar? O que tinha mudado? Será que ele tinha outra mulher?

Bonnie sabia que Robert não gostava de falar de coisas negativas. E ultimamente ele nunca falava do trabalho. O tom seco do bilhete parecia dizer que ele ia demorar. Seria uma longa espera.

> *Eu me perguntei o que fazer enquanto ele não chegava. Para falar a verdade, minha primeira idéia foi me servir um copo de vinho e ligar a TV. Ficaria mais calma e poderia me distrair até ele voltar para casa. Depois pensei em telefonar para minhas amigas, falar de Robert e do que ele estava aprontando. Talvez eu me sentisse melhor, principalmente se elas me apoiassem.*
>
> *Resisti a esses dois impulsos. Com o vinho eu me sentiria melhor, mas estaria meio amortecida quando Robert chegasse. E minhas suspeitas aumentariam se conversasse com minhas amigas. Será que elas iam me ajudar e me deixar mais feliz? Francamente, a resposta era não.*
>
> *Eu estava tensa porque tinha medo de que o relacionamento estivesse no fim. Procurei controlar o medo. O que fazer para me sentir bem com relação a mim mesma?*

Bonnie resolveu ir correr. Uma escolha simples, mas fazendo isso ela ficaria mais feliz e sua auto-estima sairia ganhando. Depois de uma longa corrida, sentiu que estava mais preparada para lidar com qualquer eventualidade.

Esse é um exemplo claro da interação entre mente e corpo. A melhor opção emocional de Bonnie foi a opção fisicamente mais saudável. Cuidar do corpo foi a melhor maneira de clarear a mente. O que Bonnie sente como felicidade é algo físico e psicológico. A mente e o corpo são parte de um único sistema complexo.

Assim, Robert chegou em casa e encontrou uma mulher carinhosa, pronta a lidar de maneira proativa com a situação. A atitude aberta e não-defensiva de Bonnie fez com que Robert se sentisse seguro. Ele encontrou em Bonnie uma aliada para resolver seus problemas – que afinal eram aborrecimentos no trabalho e não o caso que Bonnie imaginara.

Veja o falso como falso,
O verdadeiro como verdadeiro,
Olhe em seu coração,
Siga sua natureza.
O Dhammapada

"Você Está Feliz, Meu Bem?"

Quase todo mundo quer ver a pessoa amada feliz. Irv não era exceção.

Ele e Maryann estavam casados há dez anos – e ele a amava muito. Era o segundo casamento dos dois. O maior desejo de Irv era ver Maryann feliz, pois quando ela ficava feliz ele também ficava.

Aparentemente, Irv era o companheiro ideal. Para fazer qualquer coisa – procurar uma casa nova, planejar o fim de semana ou simplesmente escolher um filme – Irv procurava descobrir o que Maryann queria para poder satisfazer seus desejos. Quando não tinha nada que lhe desse uma pista, ele tentava adivinhar a vontade dela, achando que assim demonstrava sua devoção por ela. Mas, apesar de todos os esforços do marido, Maryann estava frustrada.

Os dois participaram de um dos nossos seminários. Quando chegou a hora de fazer a Lista dos Sonhos, Irv fez uma longa lista. E, quando a comparou com a de Maryann, descobriu que eram quase idênticas.

Nós nos olhamos e percebemos o que tinha acontecido: na minha lista só tinha as coisas de que Maryann gostava. Ali estava o nosso problema, diante de nós. Eu não conseguia distinguir entre o que eu precisava e o que ela precisava.

Sempre achei que pouco me importava fazer isto ou aquilo, ir num lugar ou no outro. O importante era fazer Maryann feliz. Mas ela estava sempre hostil. E quanto mais zangada ficava, mais eu tentava agradá-la.

Como Irv não identificava o que seu coração queria, Maryann o achava distante e misterioso. Era um padrão da infância que Irv tinha trazido para seus relacionamentos da vida adulta. Como sempre se sentira na obrigação de deixar sua mãe feliz, ele achava natural se relacionar da mesma maneira com outras mulheres.

Os desejos da minha mãe eram tantos e tão extremos que eu me especializei em satisfazer suas necessidades, mas não as minhas. Por isso, quando Maryann me perguntava o que eu queria, eu honestamente não sabia.

Depois do seminário, eu me propus a descobrir minhas próprias necessidades, para ser capaz de fazer uma Lista dos Sonhos. A parte mais difícil foi tirar da cabeça as idéias alheias. Depois, precisei ficar repetindo a pergunta: "O que realmente quero? Eu. Só eu".

Durante alguns dias eu usei toda a minha atenção para descobrir as coisas que realmente me faziam feliz. E quando consegui compartilhar essas coisas com Maryann, eu me senti mais verdadeiro do que nunca.

Encontramos Irv e Maryann alguns meses depois do seminário. Qual foi o impacto da descoberta que ele fez acerca de si mesmo? Maryann adorou o novo Irv! Ela não queria receber tudo de colher. Não queria um marido complacente – alguém em quem ela mandava e desmandava. Queria conhecer o verdadeiro Irv. Compartilhando honestamente seus sentimentos, ele injetou energia no relacionamento e ela deixou de achá-lo um homem distante.

Conhecer os outros é sabedoria,
conhecer a si mesmo é Iluminação.
Lao Tsé

Superação de uma Tragédia

No Capítulo 2, conhecemos Jerry, que demonstrou ter plena responsabilidade quando seu filho Steven foi morto por um caminhão numa estrada do Alabama. Mas o que Jerry fez, especificamente, para ser tão plenamente responsável? Ele usou a identificação.

É claro que é mais fácil identificar o que nos faz felizes em momentos de alegria do que em momentos de sofrimento: identificar o que nos traz felicidade quando estamos mergulhados na dor pode até parecer impossível ou impróprio. Mas, no caso de Jerry, foi sua capacidade de identificar o que lhe traria felicidade durante o trauma que fez com que ele mantivesse a perspectiva e não se deixasse levar pelo desespero.

Lembro muito pouco dos primeiros dias depois da morte de Steven. Só sei que, quando comecei a me recuperar, dizia para mim mesmo que minha maior responsabilidade era tomar decisões que permitissem que eu e minha mulher voltássemos a ser felizes.

Eu precisava tomar decisões num momento em que minha capacidade de julgar estava abalada. Procurar o caminho que nos faria mais felizes a longo prazo era o guia mais seguro que eu tinha. O velório, o enterro, as pessoas que compareciam, tudo exigia decisões. Tomei cada decisão visando me sentir melhor, aliviar o desespero, em vez de mergulhar nele.

À medida que os dias foram passando, comecei a sentir lá no fundo o meu velho eu esperando para reaparecer.

Contrabalançando a tristeza, o processo de identificação deu a Jerry a possibilidade de tempos mais felizes. Algum dia. Com as decisões que tomou, Jerry se sentiu mais orientado – se não mais feliz – do que teria se sentido caso não tivesse usado o processo de identificação.

Finalmente percebi que eu tinha estabelecido as bases para seguir em frente. A morte de Steven tinha se tornado parte de mim, mas eu sabia que existia a possibilidade terrível de sua morte acabar com a minha vida – da dor emocional impregnar minha identidade. Tinha uma escolha importante a fazer: viver o resto da vida como uma pessoa infeliz ou como uma pessoa feliz. Mas eu precisava ser feliz – devia isso a mim mesmo e a Steven. Tinha clareza com relação ao caminho.

Quem permanece feliz numa crise terrível é considerado, na pior das hipóteses, sociopata, ou na melhor, desligado da realidade. Mas a história de Jerry é diferente – é a prova da *possibilidade de ser feliz*, mesmo depois de uma tragédia.

A "Crisálida"

Quando uma coisa horrível acontece, não basta apertar um botão para que tudo fique melhor. Levou tempo para Jerry sair do desespero e voltar à vida feliz. Mas, por mais difícil que tenha sido, o período sombrio depois da morte de Steven foi essencial para a cura. Nesse período, o uso contínuo do processo de identificação lhe permitiu restabelecer prioridades, sentimentos, valores e pontos de vista – para, assim, se tornar a pessoa que ele é hoje.

Como metáfora para essa transição, para esse estágio intermediário do crescimento e da cura, costumamos usar a metamorfose de uma lagarta em crisálida e depois em borboleta.

Imagine abrir a crisálida enquanto a borboleta se desenvolve. O que há lá dentro? Uma borboleta parcialmente formada? Não. Ali dentro há uma "gosma" irreconhecível – o protoplasma cinzento que vai se reconstruir e finalmente sair como borboleta. Aquela coisa feia e grudenta tem todos os elementos necessários para criar uma grande beleza. Só leva tempo.

É preciso definir se é bom ficar nesse lugar inseguro e desconfortável. Em muitas ocasiões, é exatamente nesse ponto que devemos ficar. Não foi só para Jerry que o estado de crisálida foi essencial. Esse estágio do crescimento é necessário em qualquer modificação significativa, capaz de alterar a vida.

Felizmente, não é só por meio de situações tão traumáticas que crescemos. Tony chegou a um ponto da vida dele em que precisava fazer uma mudança importante. E teve coragem de passar pela metamorfose.

Temos aquilo que procuramos.
Está sempre ali, diante de nós, e vai se fazer
conhecer se soubermos esperar.
Thomas Merton

Tony e a Lista dos Sonhos

No final dos anos 80, Tony estava no auge. Como diretor financeiro de uma empresa de computadores do Vale do Silício, ele prosperava no ritmo acelerado de seu ambiente financeiro *high-tech*, trabalhando dez horas por dia e adorando cada minuto. No início dos anos 90, com o mercado saturado de empresas de *software*, a empresa de Tony começou a ter problemas.

Em pânico, o presidente "sugeriu" a Tony que manipulasse os relatórios financeiros para criar um quadro mais favorável. Embora o pedido não pudesse ser considerado uma infração da lei, Tony achou que a integridade da empresa estava abalada. Além de se sentir incomodado com esse pedido do presidente, ele começou a se sentir desmotivado diante do tratamento dado aos empregados.

Ele não estava mais se divertindo. Agora Tony não tinha vontade de sair da cama de manhã. Antes uma fonte de alegria, seu emprego era agora fonte de mal-estar e depressão. O que faria se não precisasse pensar em dinheiro? Se pudesse criar o dia perfeito, como ele seria?

> *No meu mundo de fantasia, descobri três coisas. Eu queria ensinar. Treinar outras pessoas era o que eu mais gostava no meu trabalho. Eu queria ter tempo para ajudar outras pessoas – para me envolver ativamente numa organização sem fins lucrativos. Mas, acima de tudo, queria ter tempo para fazer coisas por mim mesmo, como sair com a família, jogar golfe, me exercitar e fazer as receitas italianas da minha mãe.*

Será que esse sonho era possível? Ele precisaria abrir mão de muita coisa? Do quê? Tony não tinha certeza, mas achou que já se sentia melhor só por ter identificado o que realmente queria. Mas a tarefa à sua frente era assustadora.

Será que ele vai conseguir dar prioridade às coisas que são importantes para a sua felicidade? Como vamos ver no próximo capítulo, a "prioridade máxima" é o próximo passo para a conquista da satisfação duradoura.

Muitos homens fazem pescarias a vida inteira sem
saber que não é atrás do peixe que eles estão.
Henry David Thoreau

Capítulo 4

Prioridade Máxima

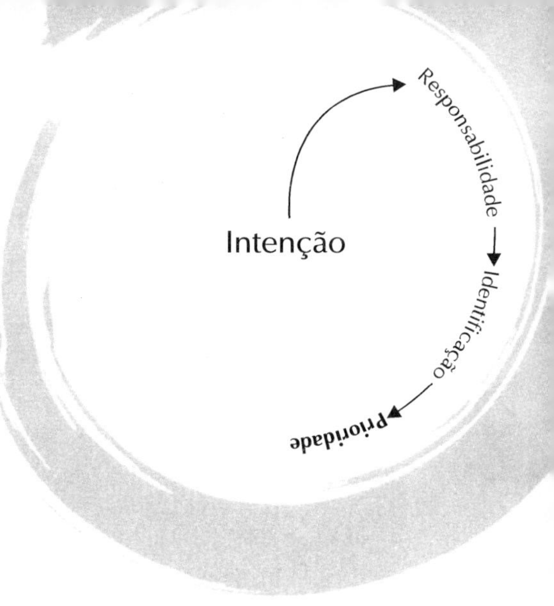

Não dei atenção quando todos me disseram que eu tinha que arranjar um emprego de verdade. Eu adoro o palco. Acho que é um dom. Nunca quis fazer outra coisa, nem quando criança. E consegui!

Paula Gaffin, bailarina da Broadway

Toda pessoa será chamada, no dia do julgamento, para prestar contas por cada coisa que deixou de aproveitar.

Talmud palestino, tratado Kiddushin, Capítulo 4, parágrafo 12

Estabelecer prioridades máximas: isso é uma coisa que as pessoas felizes nunca deixam de fazer. Isso significa que perseguem sempre as próprias paixões – da mente e do coração. É isso que lhes dá ânimo. É isso que as faz brilhar. E é isso que faz com que se integrem em seu mundo.

Para respeitar as prioridades máximas é preciso sabedoria e determinação. Respeitá-las é realizar a Lista dos Sonhos, é nunca negligenciar a nós mesmos enquanto a vida passa. É viver plenamente cada dia, fazendo o que amamos, a despeito das pressões em contrário. A consciência das prioridades favorece o crescimento, mesmo que esse crescimento exija algo mais drástico. Somos como a mãe águia que empurra os filhotes para fora do ninho para que eles se transformem nas criaturas magníficas que potencialmente já são.

Nossas prioridades máximas expressam o que autenticamente somos como indivíduos. Graças a elas, nós nos sentimos mais revitalizados e mais vivos. Em sua diversidade, elas celebram a variedade da experiência humana. Brincando com os netos ou escalando penhascos, o respeito às nossas prioridades máximas faz com que nosso caminho individual seja único e excitante: só assim vale a pena segui-lo.

O que nos impede de seguir esse caminho? Por um motivo ou por outro, geralmente achamos difícil respeitar nossas prioridades. Sentimo-nos aprisionados pelas responsabilidades – emocionais e financeiras. Temos filhos para criar, contas para pagar, trabalho para fazer. Queremos realizar a Lista dos Sonhos, mas achamos que no momento essa escolha não é viável. Mas quem não faz as coisas de que gosta não pode esperar ser totalmente feliz.

Então, o que fazer? Dar prioridade ao que gostamos parece difícil, mas basta escolher um item da Lista dos Sonhos por dia. Quando nos empenhamos em fazer pequenas coisas – cozinhar com quem amamos, encher a casa de vasos de flores – já estamos enriquecendo nossa vida. Esquecemos que os pequenos prazeres podem ser muito importantes.

Até mesmo sob as mais difíceis circunstâncias, é possível estabelecer prioridades máximas. Todas as pessoas extremamente felizes que conhecemos conseguiram construir a vida em torno das próprias paixões. Para isso, é preciso engenho e criatividade e, neste capítulo, vamos contar histórias de pessoas que fizeram mudanças na vida para poderem ser felizes.

Finalmente descobri que a única razão para estar vivo é a vida.
Rita Mae Brown

Tony Prioriza a Lista dos Sonhos

Seja cozinhar mais vezes com sua mulher ou se inscrever num curso de arranjos florais – estabelecer suas prioridades máximas é honrar seus valores, necessidades. Mas às vezes, ao estabelecer prioridades, nós nos vemos diante da necessidade de fazer grandes mudanças: de não atender às expectativas da sociedade e às necessidades materiais que costumam reger nossa vida.

Tony, o diretor financeiro que conhecemos no Capítulo 3, começou sua história quando o presidente da empresa lhe pediu para alterar os relatórios. A partir desse episódio, ele conseguiu identificar o que queria fazer da vida. Mas será que os itens de sua Lista dos Sonhos eram realistas? Tony queria ensinar, ajudar os outros e passar mais tempo com a família. Mas tinha medo de realizar a lista porque tinha muito a perder.

Ele perderia a segurança de um emprego bem-remunerado, do salário garantido com todos os benefícios. Seria visto de maneira diferente na comunidade e perderia certas amizades. Além disso, deixaria de ter uma rotina bem-definida e um lugar para ir todos os dias.

Mas Tony considerou também o que tinha a ganhar: a oportunidade de voltar a ser feliz consigo mesmo.

Fiquei algumas noites sem dormir, agoniado com a idéia de largar o emprego. O último obstáculo, o mais difícil deles, foi deixar de lado minhas inseguranças.

Na verdade, o mundo está mudando tão depressa que não acredito que ainda existam empregos seguros. Então, se ia mudar de emprego de qualquer jeito, por que não fazer o que me deixaria mais feliz? Pelo menos assim iria ter controle sobre meu destino.

Parei de me preocupar se eu ia ou não ter sucesso. Resolvi que antes ser um "fracasso" fazendo o que gostava do que ser um "sucesso" numa situação que me deixava infeliz.

Um dia eu me enchi de coragem. Por muitos anos, todos tinham confiado nos meus julgamentos. Decidi confiar também.

Tony tinha começado a levar a sério suas prioridades. Seu primeiro passo foi começar a dar aulas noturnas numa universidade. Um dia, conversando com o chefe do departamento de Finanças da universidade, Tony falou do pedido pouco ético que lhe tinham feito. A partir dessa conversa, eles criaram um curso chamado "Ética nos Negócios".

Já que não dava para brigar no nível corporativo, podia ao menos influenciar a nova geração. Minha vida já estava mudando para melhor.

Como professor, Tony foi um sucesso. Convidado a dar um curso regular no semestre seguinte, ele finalmente deixou o emprego para ser professor em tempo integral.

Tony já fazia parte de uma organização sem fins lucrativos, destinada a ajudar os menos favorecidos. A organização estava precisando de um profissional como ele para trabalhar meio-período. A remuneração era pequena, mas como adorava o trabalho aceitou o emprego. Mesmo com os dois empregos, ganhava só 70% do antigo salário.

O dinheiro era um fator secundário. Tive oportunidade de ganhar mais. Minha antiga empresa chegou a me oferecer um cargo de consultoria, mas eu não queria mais fazer parte daquele ambiente. Além disso, um compromisso assim me impediria de fazer o que eu realmente queria.

Agora jogo golfe duas vezes por semana. Nas noites de domingo, eu e minha mulher fazemos comida italiana. Fazemos risoto, ravióli de espinafre e nhoque para a semana inteira.

Realizar a Lista dos Sonhos foi como empurrar a primeira pedra do dominó: uma paixão levou naturalmente à seguinte. Na estrada, a caminho da universidade, Tony observou um grupo de bóias-frias trabalhando no campo em condições precárias. Agora, juntamente com um amigo, ele dirige uma associação de voluntários que entrega sanduíches para esses trabalhadores. Além de fornecer comida aos necessitados, a associação permite que dezenas de amigos e vizinhos de Tony tenham a oportunidade de contribuir para a comunidade. Todas as manhãs, um grupo de pessoas chega à casa de Tony, que transformou a cozinha numa movimentada linha de montagem de quentinhas.

Adoro minha nova vida. Trabalho menos do que antes? Não. Estou mais feliz? Sim! Saí daquela corrida de ratos. Todas as manhãs acordo animado com a variedade que o dia trará. Tenho a vida dos meus sonhos. Não mudaria mais nada.*

Participar da corrida de ratos é um problema porque, mesmo que você ganhe, vai continuar sendo um rato.

Lily Tomlin

Tony é um homem incomum que criou uma vida profissional incomum. Mas há pessoas com empregos mais convencionais que também têm uma vida interessante fora do trabalho.

* *Rat Race* – expressão metafórica que designa uma situação desagradável nos negócios, em que as pessoas estão continuamente competindo entre si na busca pelo sucesso. (N. T.)

Trudi trabalha numa locadora de carros, mas nas horas vagas realiza um trabalho com crianças pobres em idade pré-escolar. Millie se aposentou com 89 anos, depois de trabalhar por décadas como secretária de uma agência teatral em Manhattan – gostava tanto desse trabalho que é agora uma assídua freqüentadora de teatro. E Leah, engenheira de uma indústria química, adora política e adora nadar. Na época da nossa entrevista, ela estava servindo de intermediária num debate da Liga das Mulheres Eleitoras, antes de viajar para o Havaí para participar de uma prova de natação.

As prioridades máximas são pontos focais na vida de adultos felizes. Mas muitas dessas prioridades começaram a ser estabelecidas na infância.

Uma Vida de Amor à Natureza

Jean-Claude é um cientista que trabalha para uma grande agência internacional. Sua Lista dos Sonhos surgiu naturalmente quando ele era criança e morava em Quebec. E ele nunca considerou a hipótese de viver sem ela.

As coisas que mais amo coloriram minha vida inteira. Quando eu era pequeno, o padre levava as crianças da aldeia ao campo para abençoar a colheita. Todos os anos, na primavera, passeávamos por aqueles campos cheios de macieiras e flores silvestres. Eu me apaixonei pela natureza – e esse amor continua comigo há cinqüenta anos.

Na universidade, Jean-Claude optou por estudar meteorologia. Com isso, acabou se especializando em dados enviados por satélite. É assim que estuda os recursos hídricos e as florestas tropicais de todo o planeta.

Tenho uma filosofia de vida. Quando me concentro no que gosto, eu consigo. E é isso o que eu faço. Direciono toda a minha energia para o estudo do meio ambiente e assim não tenho tempo para coisas negativas, como o cinismo e a mania de criticar. Isso me impeliu numa direção positiva e me distingue dos colegas de profissão. Todos sabem que sou apaixonado pelo que faço, o que gera oportunidades de trabalho e viagens.

Nunca considerei a possibilidade de mudar de área. Já percorri as estepes da Mongólia e o Sudeste Asiático. Já estive em todas as florestas tropicais mais importantes e já vi incêndios gigantescos na Sibéria. Eu me sinto estimulado todos os dias. Vivo e respiro para estudar o meio ambiente.

Ao contrário de Jean-Claude, a maioria das pessoas não identifica as próprias paixões – nem começa a agir em conformidade com elas – até a vida adulta. Por quê? Provavelmente porque nem todos têm introvisões na infância, como Jean-Claude. E nem todos têm recursos financeiros para realizar seus sonhos. Mas será que a falta de dinheiro é um obstáculo?

Dinheiro *Versus* Prioridade Máxima

Por um lado, acreditamos que é mais fácil ser feliz quando se tem dinheiro. E por que não? Com dinheiro, dá para fazer qualquer coisa.

Por outro lado, nossa mãe sempre disse que "O dinheiro não compra a felicidade".

Quem tem razão?

A mamãe.

Alguns estudos feitos com ganhadores da loteria mostram que, um ano depois da sorte grande, os novos milionários não estavam mais felizes do que antes. Na verdade, alguns estavam menos felizes.

Mesmo assim, dizemos: "Se eu ganhasse na loteria, *sei* que seria mais feliz. Qual é o problema dessas pessoas?"

Nenhum. O poder do dinheiro é que é exagerado. Ele não alimenta nossa alma. E quem tem muito dinheiro tem muito mais a perder quando chega a hora de transformar a Lista dos Sonhos em realidade. Essas pessoas ficam presas ao mundo de compromissos materiais que precisam cumprir.

Durante a pesquisa, tivemos uma experiência marcante que comprova esse fato. Em Los Angeles, entrevistamos duas pessoas extremamente felizes: Regina, uma mulher da alta sociedade que mora numa mansão enorme, e Elena, uma empregada doméstica que mora num bairro pobre de latinos. Essas duas mulheres nos contaram histórias exatamente iguais. Apesar dos fatos serem diferentes, os comportamentos eram idênticos: as nove escolhas das pessoas felizes. Quanto às prioridades máximas, a única diferença é que as de Regina eram mais caras do que as de Elena.

Quase todo mundo conhece pessoas ricas e infelizes. E quase todo mundo já ouviu falar de pessoas que abandonaram ótimos empregos para viver uma vida feliz. Advogados que se tornaram professores, executivos que se tornaram pequenos empresários. São pessoas que descobrem o que as pessoas felizes sempre souberam: para conseguir viver as próprias paixões, o essencial não é ter dinheiro, mas ter criatividade e saber resolver problemas.

Geralmente as pessoas tentam viver a vida de trás para frente: procuram ter mais coisas ou mais dinheiro para poderem fazer o que querem, e serem assim mais felizes. Mas é o contrário que funciona. Primeiro, você precisa ser quem realmente é e fazer o que é preciso para ter o que quer.

Margaret Young

Sem Tanto Dinheiro, mas Muito Mais Feliz

Barbara casou com Paul no começo dos anos 80, quando ele já era um dos escritores mais badalados de Hollywood. Juntos, tinham uma vida invejável: um Porsche para cada um, festas cheias de gente famosa, convites para a entrega do Emmy. Paul era do tipo silencioso e pensativo, enquanto Barbara era uma mulher intensa, vivaz e determinada.

Quando compraram a casa de quinze quartos num bairro da moda, Barbara estava nas nuvens. Com uma equipe de decoradores, começou a decorar a casa dos seus sonhos, escolhendo a dedo cada azulejo e a cor de cada cômodo.

> *Eu sempre soube que nada me faz mais feliz do que usar minha criatividade. Estava certa com relação à criatividade e errada com relação à maneira de usá-la.*
>
> *Consegui transformar nossa casa numa casa de capa de revista. Ficou maravilhosa! Mas, no dia em que concluímos o projeto senti um aperto no estômago. Comecei a me perguntar: "O que mais será que eu posso comprar?" Então continuei a comprar... e a comprar... e a comprar. A excitação de cada nova aquisição durava uns dois dias e aí precisava de outra "dose". Era uma armadilha. Por mais que comprasse, nunca ficava satisfeita.*
>
> *O dinheiro foi minha perdição. Como não precisava trabalhar, eu ficava muito tempo em casa. Minha vida ficou monótona.*
>
> *Todos nossos amigos eram ricos. O dinheiro e o que ele pode comprar tornou-se o tema da nossa vida. Não fazíamos nada de produtivo – era só gastar. Falar do mais novo* resort *ou do mais badalado restaurante da cidade.*
>
> *Paul também não era feliz. Às vezes ele ficava meses sem trabalho, desesperado para assinar outro contrato. Para manter nosso estilo de vida, ele precisava ganhar muito dinheiro. E todos os meses gastávamos cada centavo que ele ganhava.*
>
> *Tínhamos "de tudo", mas ao mesmo tempo não tínhamos nada. E esse "nada" estava saindo muito caro. Não estávamos felizes. Eu sabia que precisávamos fazer alguma coisa.*

Paul, frustrado e sentindo-se pressionado, concordou. Eles começaram a pensar em suas prioridades. Barbara continuava a pensar na palavra *criatividade*, compreendendo agora que o importante não eram as aquisições, mas a auto-expressão.

> *Lembrei do meu tempo de colégio. Como tive dislexia, as matérias que exigiam mais leitura eram uma dificuldade. Mas eu era ótima aluna de educação artística, principalmente em escultura. Depois da formatura, arrumei um ótimo emprego como projetista de cenários. Na verdade, antes de me casar com Paul, minha carreira ia muito bem.*

Depois de meses refletindo sobre si mesmos, Barbara e Paul descobriram que tinham voltado as costas para os sonhos que não dariam tanto dinheiro.

Barbara queria esculpir. Paul sempre quis ser um escritor independente e escrever o que quisesse. Para isso, precisariam abrir mão do extraordinário potencial de Paul para ganhar dinheiro, vender a casa e dizer adeus a Hollywood.

Faz dez anos que voltaram as costas para uma vida que é só um sonho para a maioria das pessoas.

Eu acordava no meio da noite e pensava: Nós estamos loucos? Será que vamos nos arrepender? Mas eu sabia que não. Jamais seria uma velha arrependida, lembrando com pesar da vida que passara e sabendo que nunca fora feliz. A imagem dessa velhinha me deu coragem para ir em frente.

Eu estava preparada para arriscar tudo o que tínhamos. Queria mudar para a Itália, o melhor lugar do mundo para aprender meu ofício. Lá estavam os melhores artesãos e os melhores materiais. E o melhor mármore.

Voamos para a Itália com quatro malas e a chave de um depósito onde deixamos nossas lembranças favoritas. Não falávamos italiano e não conhecíamos ninguém na Itália. Havia várias incógnitas, mas a fé que eu tinha em mim mesma me fez tentar.

Hoje, dez anos depois, a mulher que trabalha na Toscana é uma pessoa muito diferente da Barbara de Hollywood. Em seu estúdio, no meio do barulho ensurdecedor das ferramentas elétricas e coberta de pó de mármore, Barbara esculpe belas peças no mesmo mármore de Carrara que Michelangelo usava. Além disso, ela trabalha numa galeria de arte e ensina técnicas de escultura moderna.

Agora minha vida é dura, empoeirada e fisicamente exaustiva. Chego no estúdio às sete e caio na cama às dez. É claro que não sou mais a princesa de Hollywood. Vivo num quarto e sala, dirijo um Fiat e lavo minha própria roupa. Criei a vida perfeita numa cultura que amo, com pessoas que amo. Preciso usar todo o meu talento. E adoro.

Quando a visitamos, Barbara nos levou, com nossos filhos, para uma visita às pedreiras e para comer numa pequena *trattoria*. Depois, tivemos uma aula sobre técnicas de escultura. Barbara deu a cada um de nós um pedaço de mármore e um conjunto de cinzéis antigos. Nesse momento vimos a alegria dela. Mais do que qualquer palavra, essa era uma comprovação de sua felicidade.

Na semana anterior à nossa visita, Barbara tinha recebido o seu primeiro prêmio numa exposição internacional. Recebeu uma enxurrada de convites para viajar e conhecer representantes de arte e compradores no mundo inteiro. Mas não se impressionou com isso.

O que me faz feliz? Trabalhar no estúdio, sentir as ferramentas nas mãos, falar com os artesãos, ajudar os clientes na galeria. O que não funciona para mim? Notoriedade, badalação, publicidade, dinheiro. Nunca mais vou ser tragada por aquele mundo. Faço o que me deixa feliz e recuso as ofertas que não vão me fazer feliz.

E Paul? Ele seguiu o exemplo de Barbara. Como não escreve em italiano, seu trabalho é mais vendável em países de língua inglesa. Do jardim de inverno do pequeno apartamento, ele envia artigos e roteiros para Londres e Nova York por meio do computador.

Fé em si mesmo... é o caminho melhor e mais seguro.
Michelangelo

O Jardim de Keisha

Ao contrário de Barbara e Paul, Keisha é pobre. Foi criada pela avó na região pantanosa da Louisiana, numa modesta casa de madeira erguida sobre estacas à beira de um rio. Com grande orgulho, Keisha e a avó cuidavam do jardim todas as tardes depois da escola. Nas esperadas férias de verão, tinham o dia inteiro para trabalhar no jardim. Juntas, plantavam zínias, nastúrcios e morangos.

Keisha adorava participar de todas as fases do ciclo de crescimento – plantar as sementes, regá-las todas as tardes, ver os brotos aparecerem e se transformarem em plantas adultas.

Quando Keisha tinha 14 anos, a avó morreu de repente de um derrame. A casa foi vendida e ela foi viver com os tios em San Francisco. Tudo mudou: não havia mais jardins para cuidar nem brincadeiras à beira do rio. Keisha sentiu sua felicidade desaparecer de uma hora para a outra.

A escola era muito dura para Keisha, acostumada a uma vida mais suave. O bairro era perigoso, as crianças desregradas e as ruas sem cor nem beleza.

Eu estava sempre sonhando com a Louisiana – me via trabalhando no jardim, sentindo a terra, regando as flores, colhendo as verduras e as frutas.

Quando terminamos o colégio, meus colegas foram trabalhar como caixas ou balconistas. Mas eu não. Na lista telefônica, encontrei três lojas de mudas para jardins. Peguei um ônibus e saí em busca de um emprego.

Eu nunca tinha procurado emprego e nunca tinha estado numa loja dessas. Não consegui o emprego. Mas andando entre as plantas, senti como se tivesse voltado para casa. Sabia lá no fundo que aquele era meu lugar.

Ela voltou a essas lojas todas as semanas, durante dois meses. Finalmente sua persistência deu resultado: conseguiu um emprego como ajudante de jardineiro. Agora, cinco anos depois, ainda trabalha na mesma loja: é a funcionária mais querida.

Recentemente, Keisha conseguiu comprar uma casinha num bairro afastado. Mas essa casinha tem, na frente, uma coisa muito importante: trinta metros quadrados de terra.

Quando se entra na rua, é impossível não ver a casa de Keisha. Seu jardim é um oásis colorido na rua cinzenta, um tapete laranja e púrpura que vai de parede a parede. Tomates e abóboras crescem entre malvas-rosas, zínias e gladíolos.

Fiz isso tudo com cinqüenta dólares de sementes e bulbos. Fico tão feliz neste jardim! Ele me lembra minha terra. Colho muitas coisas aqui e o que não aproveito dou para os outros.

Amada pelos vizinhos por seus generosos buquês, Keisha é conhecida em toda a comunidade como “a dama do jardim”. Essa notoriedade resultou num telefonema do diretor de uma escola primária. Agora Keisha ensina as crianças da cidade a plantarem os próprios jardins com pouca terra e pouco dinheiro.

A vida de Keisha concluiu um ciclo: ela ensina à nova geração o que sua avó lhe ensinou.

Apesar de terem origens tão diferentes, Barbara, Paul e Keisha têm em comum uma coisa preciosa: fazem o que lhes dá mais felicidade.

Não é preciso dinheiro para definir prioridades máximas. Ninguém precisa ganhar na loteria para fazer o que gosta. O importante é obedecer ao coração. Mas realizar a Lista dos Sonhos exige alguns pré-requisitos: intenção de ser feliz, determinação, flexibilidade, coragem para assumir os riscos que acompanham a responsabilidade plena, e o autoconhecimento, que é conseqüência do processo de identificação.

Insegurança, Instabilidade e Prioridade Máxima

Você deve estar pensando que tudo isso é ótimo — para essas pessoas. Os filhos de Tony estão grandes e sua casa está quitada. Barbara e Paul já tinham dinheiro e não estavam enterrados em dívidas quando foram para a Itália. Keisha tinha pouco a perder quando virou as costas para os empregos comuns para se tornar jardineira.

Mas você é diferente. Para dar prioridade máxima a seus maiores interesses ou paixões, precisaria virar a vida de cabeça para baixo — você não pode se dar ao luxo de fazer mudanças tão radicais!

Na verdade, a estabilidade e a segurança são importantes para quase todos nós. Depois de tanto lutar para conseguir uma vida segura e estável para nós e para nossa família, é natural pensar duas vezes antes de abandonar essa vida.

Mas será que estamos realmente abrindo mão de alguma coisa? Será que a segurança existe?

Muitos acontecimentos nos mostram que a vida pode mudar de uma hora para outra. Quem conseguiria prever a onda de cortes de pessoal nas empresas, que deixou milhões sem emprego? E a epidemia da AIDS, com seu profundo impacto sobre o comportamento sexual? Nenhuma instituição financeira previu que a crise na Tailândia teria um impacto tão duradouro nas maiores economias do mundo.

Acontecimentos imprevisíveis como esses afetam milhares de pessoas todos os dias. Gostemos ou não, a mudança, a instabilidade e a insegurança são parte fundamental do nosso mundo. Se a insegurança é um fato, por que não sermos mais felizes assumindo o risco de fazer o que gostamos?

Respeitando as prioridades máximas, as pessoas felizes vivem com um alto grau de auto-afirmação e de segurança pessoal. Ao aceitarem a instabilidade inerente à vida, elas paradoxalmente se sentiram mais seguras do que muitos de nós.

Priorize o que o Faz Feliz

No Capítulo 3, você escreveu a Lista dos Sonhos sem parar para pensar. Neste exercício você vai voltar a essa lista.

1. Reveja a Lista dos Sonhos do Capítulo 3. Será que você esqueceu alguns itens? Acrescente qualquer coisa que o faça feliz.

2. Marque um x em tudo o que você faz regularmente. Essas são as coisas que você já prioriza.

3. Veja quais os itens da lista que você ainda não prioriza. Se desse prioridade a todos eles, você seria bem mais feliz. Pense nas seguintes perguntas:

   Esses itens têm algum tema em comum?

   O que você está deixando de priorizar na vida pessoal? E na vida profissional?

O que o está impedindo?

É possível integrar com facilidade alguns desses itens à sua vida?

Muitas vezes, problemas importantes nos impedem de respeitar nossas prioridades máximas. Se for esse o caso, não se desespere. No Capítulo 5, "Remodelação", vamos lhe mostrar como as pessoas felizes superam os obstáculos à felicidade.

Quando a Vida não Ajuda

Percebemos que os obstáculos que mais impedem as pessoas de realizar sua Lista dos Sonhos são os filhos e os problemas de saúde. Era de se esperar, pois trata-se de questões incontornáveis. Esperamos muito tempo para os filhos crescerem e, no caso das doenças, por milagres da medicina.

Uma outra questão diz respeito a pessoas que vivem em países com um regime político diferente. Será que quem vive numa sociedade totalitária tem a escolha de ser feliz?

As histórias que você vai ler a seguir são sobre três mulheres notáveis: uma é mãe e gerente de uma empresa, a outra é uma professora que luta contra uma doença crônica e a terceira é uma corajosa não-conformista que vive há cinqüenta anos num regime comunista.

Casada, com Filhos e Trabalhando

Nos seminários sobre felicidade, mulheres que conciliam a vida em família com a carreira costumam fazer comentários como este: "No fim do dia estou tão exausta que não tenho tempo nem energia para fazer nada além do que eu tenho que fazer. Como posso respeitar alguma prioridade se nem tenho tempo para mim?"

Gillian, 33 anos, sabe como é isso. Ela é uma das pessoas extremamente felizes que conhecíamos antes de começar a pesquisa. Tem uma incrível habilidade para fazer as coisas com humor e estilo e todos gostam dela. Mas até ela teve um momento em que achou que a felicidade tinha acabado. Em sua casa confortável, em Seattle, Washington, ela nos contou como fez para recuperar a felicidade quando parecia estar sucumbindo às dificuldades.

Gillian trabalhou duro para que seu marido, Scott, terminasse a faculdade de Direito. No dia em que Scott se formou, ela teve o primeiro filho. Gillian adorou ser mãe e ficou muito contente quando Scott arrumou seu primeiro emprego, pensando que finalmente ela teria tempo para fazer o que tinha vontade.

Mas não foi assim. Sua vida ficou ainda mais corrida. Ela voltou a trabalhar e assumiu um cargo de gerente que exigia muito dela. O bebê chorava muito e Scott pouco parava em casa, pois como estava em início de carreira achava que não podia se recusar a fazer horas extras.

Eu gostava da minha vida e do meu trabalho, mas sentia que estava me perdendo. Estava me afogando num mar de exigências. Minha programação diária era determinada pela programação dos outros. Eu estava sempre dando algo de mim: em casa era mãe e mulher carinhosa e, no trabalho, comandava a equipe e cuidava dos clientes. Pensei comigo mesma: "E por mim, quem vai fazer essas coisas?" Minha resposta era óbvia: EU MESMA! Então eu me dispus a me encontrar outra vez.

Gillian elaborou um plano para satisfazer todas as suas necessidades. Sofreria menos pressão, teria tempo para ficar sozinha, aumentaria seu bem-estar físico e seu sentimento de realização. A solução: realizar um sonho competindo num minitriathlon: dois quilômetros nadando, 25 quilômetros de bicicleta e seis quilômetros e meio correndo.

Era puxado, mas não desisti. O treino era só para mim. Como a prova seria no meu aniversário, eu a encarei como um presente para mim mesma.

Não foi fácil pôr meu plano em prática. O primeiro passo foi conversar honestamente com Scott sobre a importância que isso tinha para mim. Eu o olhei nos olhos e disse: "Scott, tenho que fazer isso para mim mesma". Ele compreendeu e juntos elaboramos um plano. Ele faria a mamadeira do bebê e o levaria para a creche para que eu pudesse treinar antes de ir trabalhar.

O segundo passo foi me livrar da culpa. Minha mãe explodiu quando ficou sabendo. "Gillian, você está louca? Com tudo o que tem para fazer no trabalho e mais o bebê". Precisei silenciar a vozinha que dizia dentro da minha cabeça: "Se você é uma boa pessoa, tem que pôr o jantar na mesa para o bebê e para Scott... O bebê é a sua maior prioridade... Você não tem o direito de fazer coisas para si mesma". Acreditem: acabar com a culpa foi a parte mais difícil.

Gillian começou a correr seis quilômetros todas as manhãs. Andava de bicicleta depois do trabalho e nadava duas vezes por semana. Valeu a pena: teve uma boa classificação no triathlon.

Precisei baixar meus padrões nos cuidados com a casa e com o bebê. Mas valeu a pena diante do resultado final. Eu me senti muito realizada e isso trouxe benefícios inesperados. Primeiro, Scott ficou muito mais apegado ao bebê depois de meses cuidando dele. Segundo, passei a me concentrar mais no trabalho. Terceiro, o bebê foi quem mais se beneficiou. Lá no fundo, acho que me ressentia das limitações que ele me impunha. Quando eu me permiti ter tempo, recuperei o controle da minha vida. Não preciso mais competir para saber que tenho tempo para fazer o que quero.

Definir as prioridades máximas significa se valorizar o suficiente para suportar as pressões das pessoas que amamos, do patrão e da vozinha interior. Não adianta esperar pelo apoio de todos: isso nunca acontece. Você sempre vai ter o apoio de uns e a insatisfação de outros. Contentar a todos é uma tarefa impossível.

Sempre temos justificativas para não começar a cuidar de nós mesmos. Mas, se formos esperar o momento perfeito, vamos esperar para sempre. É preciso cuidar de si mesmo o tempo inteiro.

Se você fizer sempre o que lhe interessa,
pelo menos uma pessoa fica satisfeita.
Mãe de Katharine Hepburn

Nunca Desista

Em 1973, Lena soube que tinha uma rara doença nos ossos. Na época ela tinha 50 anos, era professora primária e adorava seu trabalho.

Meu trabalho era minha vida. Todas as partes do meu dia eram repletas das coisas que eu amava – as crianças e os outros professores eram meu mundo perfeito. Eu me sentia intelectualmente estimulada e bem-aceita na comunidade pedagógica. Até aquele momento, minha vida tinha sido maravilhosa.

Os médicos me disseram para me preparar para uma aposentadoria precoce. Segundo eles, eu ficaria incapacitada e sentiria muita dor e depois de alguns anos teria que deixar de dar aulas.

Com o apoio do marido, Lena foi atrás de uma segunda, terceira e quarta opiniões, mas nada mudou. Os melhores médicos do país achavam que Lena não tinha uma expectativa muito longa de vida, que ficaria incapacitada e com muitas dores. Não havia nada que a medicina ou que a própria Lena pudesse fazer. Mas Lena não aceitou esse prognóstico.

Os médicos estavam errados. É claro que eu podia fazer alguma coisa – sempre é possível fazer alguma coisa!

Pesquisei um pouco e vi que a doença era mesmo incurável. Então, eu a aceitei como um fato da vida. Fazer o quê? Eu disse a mim mesma: "Vou ficar doente, mas vou arrumar uma maneira de continuar fazendo o que gosto".

Chegaria um ponto em que eu não poderia mais andar e que sentiria dor. Fatos. Mas eu podia ficar incapacitada e com dores na cama, desperdiçando a vida. Ou podia ficar incapacitada e com dores no trabalho – sendo estimulada pela vida. A escolha era óbvia.

Lena continuou a trabalhar. À medida que a doença progredia, ela também progredia. De uma professora que tinha acabado de saber que estava doente, transformou-se numa professora de muletas e finalmente numa professora de cadeira de rodas. Os analgésicos à base de aspirina deram lugar aos antiinflamatórios e depois à acupuntura e aos medicamentos de alta tecnologia.

Ficou difícil me locomover, mas fui me tornando uma professora muito melhor. Acho que propiciei experiências maravilhosas a meus alunos. Eu lhes ensinei muito sobre invalidez e tolerância. Em vez de fugirem de uma professora aleijada, eles se tornaram muito protetores em relação a mim, revezando-se para empurrar minha cadeira. Num ambiente de amor e respeito, eu tinha poucos problemas de disciplina na sala de aula.

Minha verdadeira meta, portanto, era continuar fazendo o que eu gostava. Superei as previsões dos médicos. Trabalhei por quase quinze anos além do que eles previam. Agora não posso mais trabalhar, mas estou fazendo outras coisas. Todas as manhãs, antes de sair da cama, faço mentalmente uma lista dos meus planos.

Quase todos os dias escrevo poesia. Ajudo a divulgar causas políticas. Leio e faço projetos de arte com meus netos. Jack e eu damos longos passeios de carro. Não posso imaginar uma vida mais rica.

Não estou dizendo que é fácil. A dor é uma realidade e preciso enfrentá-la o tempo inteiro. Às vezes é horrível. Mas sei que seria pior se eu desistisse do que gosto e passasse o tempo inteiro pensando na minha doença.

Lena vive a Lista dos Sonhos a despeito da revolta física do corpo. Mas o que acontece com as pessoas felizes, quando o mundo político se revolta, transformando seus sonhos num ato de traição?

Quem persegue seus sonhos com confiança e luta para viver a vida que imaginou, vai encontrar um sucesso que nem esperava.
Henry David Thoureau

Retrospectiva

Não vivemos num país totalitário, com a vida rigidamente estruturada, e nosso governo não nos impede de fazer o que gostamos. Mas outros não têm tanta sorte.

Kati, de 76 anos, nos foi indicada por uma fisioterapeuta que foi sua aluna e que a considera a pessoa mais destemida que conhece. Kati viveu a vida inteira na Europa Oriental. Por meio de um tradutor, ela nos contou sua fascinante história de perseverança e força.

Minha vida sempre foi fazer o que gosto no momento, a despeito dos obstáculos. Gosto de movimento e dança, até mesmo de falar sobre movimento e dança, como agora.

No fim dos anos 30, Kati era uma dançarina profissional e se apresentava em espetáculos *avant-garde* pela Europa inteira. Veio então a ocupação nazista. Como é de descendência judaica, Kati escondeu-se no porão de uma padaria. Quando parou de se esconder, em 1945, deparou com uma Europa arruinada pela guerra. Seu noivo tinha morrido num campo de concentração e sua família, desaparecido.

Além disso, a confluência da depressão econômica, da ocupação russa e do recente regime comunista inviabilizava uma carreira em dança moderna. O governo não se limitava a negar apoio aos artistas experimentais: ele os perseguia, considerando-os inimigos do Estado.

Eu estava tão feliz por ter sobrevivido que criei, com otimismo, uma escola de "técnica do movimento". Achei que daria certo se eu não a chamasse de "escola de dança".

A escola foi um sucesso, mas em 1948 foi fechada pelo governo. Kati começou então a ensinar movimento e dança por conta própria, pois a dança moderna não era reconhecida como categoria profissional pelo Estado. Como profissional independente, ela não tinha direito aos benefícios sociais.

Nesses anos, Kati desenvolveu um sistema de movimento — que agora chamaríamos de abordagem "holística" ao movimento corporal — que se tornou muito conhecido no campo da fisioterapia e da cinesiologia. Seu trabalho teve amplo reconhecimento no clandestino mundo das artes.

No começo dos anos 50, Kati foi procurada pelo treinador da equipe de ginástica olímpica. Na época, a música começava a ser introduzida na ginástica de solo feminina. Como a dança era desestimulada pelo governo, o técnico estava desesperado para encontrar alguém que criasse rotinas com música. Assim, Kati se transformou na coreógrafa não-oficial da equipe, que ganhou medalhas na Olimpíada e no Campeonato Mundial.

Não fui convidada para os jogos e o governo não reconheceu meu trabalho. O único reconhecimento que recebi foi uma rosa vermelha, mandada pelos pais de uma de minhas ginastas. Não fiquei desapontada porque estava feliz, realizada.

Meu envolvimento era tamanho que o simples fato de realizar o trabalho já me dava tudo o que eu queria. Atualmente os jovens esperam dinheiro e reconhecimento, coisas que não estavam ao meu alcance e que também não eram importantes para mim.

Kati continuou a ensinar movimento e cinesiologia. Sentindo que precisava conhecer melhor a anatomia humana, voltou para a escola. Assim, conseguiu criar um manual de fisioterapia e movimento que se transformou num padrão. O livro foi amplamente publicado, mas sem o nome dela. Assim, ela não recebeu nem remuneração nem crédito pelo sucesso.

Com a queda do antigo regime, Kati teve algum reconhecimento. No ano passado, ela recebeu um prêmio do presidente da república por sua contribuição à dança e à música. Quando perguntamos se foi emocionante ser finalmente reconhecida, ela disse:

> *A cerimônia foi agradável, mas para mim esse prêmio nada significa. O importante é meu sentimento em relação a mim mesma neste momento. Eu poderia ter tido uma vida mais segura e confortável. Mas, fazendo uma retrospectiva destes quase oitenta anos, não acho que gostaria muito de mim mesma se não tivesse vivido como vivi.*
>
> *Em janeiro passado, meu marido, o amor da minha vida, morreu. Se eu não tivesse me arriscado, agora estaria só e vazia. Mas estou cheia de riquezas – uma vida de criatividade, alunos devotados e um profundo interesse por uma coisa que modificou muitas vidas. Fazendo uma retrospectiva, posso dizer que fiz o que gosto cada dia da minha vida.*

Quantas pessoas podem dizer isso?

Ser sou não ser não é uma questão de compromisso.
Ou você é ou não é.
Golda Meir

Discutimos, até agora, quatro das escolhas que todas as pessoas felizes fazem. Em primeiro lugar, elas têm a intenção ativa de serem felizes. Em segundo lugar, são plenamente responsáveis diante de si mesmas e dos outros, o que as leva a fazer escolhas proativas. Em terceiro lugar, passam pelo processo de identificação, que serve para orientá-las com relação às próprias necessidades e desejos. Em quarto lugar, como vimos neste capítulo, elas dão prioridade máxima ao que realmente lhes dá felicidade. Vivem suas paixões e seguem seu coração.

Parece fácil? O que acontece quando surgem empecilhos? Como as pessoas felizes lidam com os inevitáveis problemas e traumas da vida?

Capítulo 5

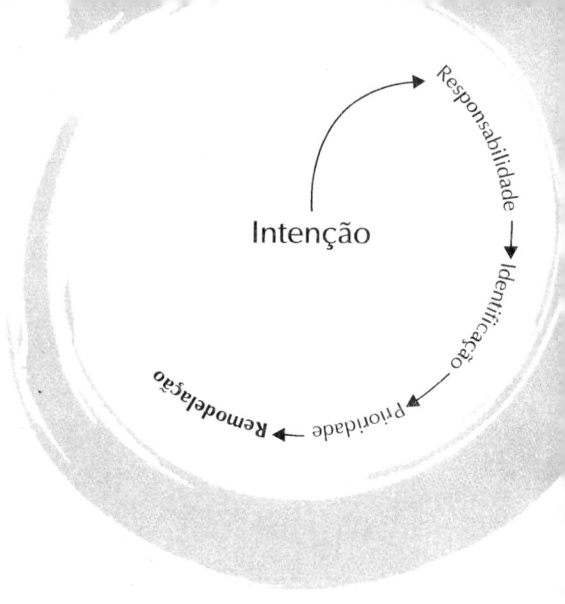

Remodelação

Sem aquele saxofone na minha boca...
aprendi a cantar!

Maurice Washington, músico profissional, incapacitado de tocar seu amado saxofone depois de um derrame

É um tipo de teste, Mary, e é o único que importa. Quando uma coisa horrível como essa acontece, você tem duas escolhas. Começa a viver de verdade ou começa a morrer. É só isso.

James Agee,
A Death in the Family

Às vezes a tristeza nos invade. Perdemos o emprego. Alguém que amamos morre. Nem sempre temos controle sobre o que acontece e os grandes revezes da vida nos fazem sentir ainda mais nossa vulnerabilidade. Gostaríamos de dar prioridade máxima às nossas paixões e realizar nossos sonhos: queremos a felicidade. Mas as provações da vida se atravessam em nosso caminho.

Então, como agir?

Podemos adotar a estratégia do "levante-se e siga em frente". Ou manter uma atitude imperturbável e positiva a despeito da gravidade da situação. Essas abordagens são sedutoras, pois nos dão a impressão de termos superado o problema antes mesmo de sentir a dor. Só que elas são, no final das contas, formas de negação. E a negação, infelizmente, não assegura uma felicidade duradoura.

A dor faz parte da vida e da experiência humana: não é possível evitar esse fato. A questão é: o que fazer com essa dor? As pessoas felizes têm uma resposta extremamente eficaz. Durante as entrevistas, fizemos uma descoberta extraordinária a esse respeito: todas as pessoas felizes reagem às situações dolorosas da mesma maneira. Nós a chamamos de *remodelação*. Remodelando, elas superam acontecimentos potencialmente desgastantes com uma elegância e eficiência surpreendentes.

Como?

A remodelação tem duas fases. Primeiro, as pessoas felizes mergulham de cabeça nos sentimentos negativos para vivê-los profundamente. Ouvem o que a mente e o corpo têm a lhes dizer. Não censuram as emoções que brotam espontaneamente, não negam os sentimentos nem fogem da dor, como geralmente fazemos na tentativa de "seguir em frente". Essas pessoas respeitam o próprio mundo emocional, sentindo-o plenamente, embora seja muito mais fácil evitá-lo.

Conscientes de suas emoções, elas passam à fase seguinte. Começam a transformar seus sentimentos, dando lugar a novas maneiras de reagir e de perceber. Que lição elas podem aprender? É possível dar um novo significado à vida? Qual? Essa experiência traz esperanças para o futuro?

Graças à remodelação, as pessoas felizes navegam pelos momentos difíceis descobrindo o valor emocional positivo de cada acontecimento. Até na mais traumática das situações, elas buscam as sementes do crescimento e da descoberta.

O conceito de remodelação vem do fogo e do calor de uma usina siderúrgica. Imagine um trauma emocional aparentemente incontornável — fundido em aço, com peso e arestas já definidos. Um trauma desse tipo costuma envolver acontecimentos avassaladores e imutáveis — a perda de um emprego de vinte anos, o rompimento de uma ligação amorosa ou a morte de alguém. Em casos assim, nossas emoções parecem ser igualmente definitivas: se o acontecimento não pode ser modificado, nossos sentimentos também não.

Na remodelação, "derretemos" o acontecimento traumático e as nossas reações num alto-forno psicológico. Depois, sentimos o calor das emoções negativas e forjamos um significado mais rico e profundo para o trauma.

Quando emergimos, a experiência se modificou. Sua forma e aparência estão alteradas, assim como a sensação que ela provoca. Na verdade, a matéria-prima é o mesmo metal: a perda e a mágoa. Mas infundimos à experiência uma nova esperança e um novo valor espiritual. Pode levar dias ou anos, mas é sempre possível moldar uma nova compreensão e um novo propósito a partir de uma tragédia.

A remodelação é uma idéia poderosa: envolve a força que temos para dominar deliberadamente nossas reações aos acontecimentos mais traumáticos e, assim, nos transformar. Não precisamos continuar aprisionados à tristeza e à perda. É possível vivê-las totalmente e sair de sua sombra com a vida mais rica.

A remodelação é um instrumento potente que nos dá capacidade emocional — um fator fundamental na escolha da felicidade.

Nas profundezas do inverno, eu finalmente
percebi que há em mim um verão invencível.
Albert Camus

A Casa de Clara

Muitos já passaram pela experiência de precisar dar um destino às coisas que uma pessoa querida deixou ao morrer. Vamos ver agora como isso se dá na vida de uma pessoa feliz para descobrir como a remodelação nos ajuda a enfrentar experiências difíceis, embora inevitáveis.

A história de Alan começa quando sua tia Clara, solteira e sem filhos, morreu inesperadamente aos 69 anos. Alan era seu sobrinho favorito e ela sua tia favorita. Ele e a irmã, Deborah, tinham pela frente a tarefa de esvaziar o sobrado — onde tinham passado muitos fins de semana quando crianças. Clara tinha enriquecido a infância dos dois, financiando as aulas de piano e as idas ao teatro, coisas que estavam além das posses dos pais. Logo que começou a arrumar as coisas, Alan encontrou vidros de remédio, receitas médicas e recortes de jornal — pistas de uma doença que tinha posto fim à vida de sua tia. Ele ficou chocado: ela mantivera tudo em segredo até o fim.

Fui tomado por sentimentos conflitantes: tristeza, confusão por não saber por que ela não nos alertou sobre a gravidade da doença, arrependimento por não ter compreendido melhor a minha tia e por não ter convivido mais com ela quando estava viva.

Enquanto enchíamos as caixas, eu procurava chegar ao âmago dos meus sentimentos. A tristeza que sentia era real e eu conseguiria viver com ela. Mas havia outros sentimentos: a culpa e o arrependimento que nunca seriam resolvidos e que só me magoavam. Assim, deixei que passassem. Resolvi trabalhar minha tristeza, avaliar meus verdadeiros sentimentos em relação à tia Clara.

Quando as tensões se exacerbam, muitas famílias começam a brigar e a discutir sobre "quem fica com o quê". Com Alan foi diferente porque ele se propôs a remodelar sua energia emocional: o que tinha aprendido com a tia? Que dádivas ela tinha deixado? O que estava aprendendo sobre si mesmo, sobre seu relacionamento com Deborah?

Pensei muito na vida da tia Clara e no meu relacionamento com ela. Senti muito amor, muita admiração pela coragem diante da doença e pelo que era como pessoa: generosa com os vizinhos, capaz de fazer amizades em toda parte, até mesmo no mercado ou no cinema. E ele tinha respeito por ela. Nos bons tempos ela tinha sido uma bem-sucedida corretora de imóveis, numa época em que para uma mulher solteira era muito difícil trabalhar e se sustentar. Aos poucos esses sentimentos foram cercando a tristeza e acabaram por envolvê-la.

Essa experiência permitiu que Alan fizesse outras descobertas. Clara tinha o hábito de colecionar coisas e Alan fez descobertas incríveis. Só numa gaveta havia mais de vinte porta-moedas de seda, dúzias de lenços bordados e de echarpes pintadas à mão.

Dois dias antes, ele tinha entrado naquela casa achando que sabia muito bem o que tem importância na vida e o que não tem. Quando saiu, tinha redefinido sua relação com o mundo material. Esperava levar para casa a maioria dos pertences da tia. Mas no fim levou pouca coisa.

O incrível dessa experiência foram os sentimentos que aquelas coisas provocaram em nós. Pilhas de roupas velhas, livros e sapatos dos anos 50 que pareciam lixo à primeira vista. Mas decidimos dar de presente todas essas coisas – não seriam simples doações, mas símbolos de nossa estima por Clara.

Em vez de chamar uma entidade beneficente que levasse tudo, nós nos demos ao trabalho de dar cada um dos itens a alguém que o valorizasse. Mandamos duas caixas de livros de arte para a diretora de um programa de arte comunitária. Os colares de contas do mundo inteiro foram para um joalheiro que conhecemos desde crianças. Descobrimos um aprendiz de chefe de cozinha que não podia se dar ao luxo de comprar utensílios sofisticados como os de Clara. As roupas e os sapatos foram para uma compa-

nhia de teatro. E todos os porta-moedas foram para uma pré-escola. Dando essas coisas às pessoas certas, nós lhes demos um novo significado e uma nova alegria.

Mas, para mim, o maior presente foi a oportunidade de conhecer mais intimamente minha irmã. Conversamos como nunca tínhamos feito antes. Contamos histórias de família. Fizemos planos para nos ver com mais freqüência. Tornamo-nos, enfim, muito mais próximos.

A única coisa que levei para casa não tinha nenhum valor monetário – um arquivo de recortes de jornal que a tia Clara juntou durante muitos anos. Eles me deram uma incrível visão da vida dela. A partir desses artigos, percebemos sua paixão por política e pelo meio ambiente. Descobrimos sua posição diante da pena de morte e das questões femininas. Havia também uma quantidade incrível de folhetos de restaurantes. Tudo isso era o coração e a alma do que ela era – meu maior presente.

Em momentos difíceis, focalizamos apenas as tarefas imediatas e assim desperdiçamos a experiência. Com tantos detalhes a exigir nossa atenção, é fácil pular uma das duas fases do processo de remodelação: viver os sentimentos e descobrir novos significados. As duas são necessárias e funcionam em conjunto. Diante de uma situação difícil, precisamos compreender os nossos sentimentos: quanto mais rica essa compreensão mais rico será o significado que vamos extrair dessa situação.

No fim, Alan tinha fortalecido o amor que sentia pela tia e o papel que ela desempenhou em sua vida. Já faz tempo que ele fechou o velho sobrado e voltou para casa. Mas continua a aplicar as lições que aprendeu com a morte da tia. Ele agora se conhece melhor.

Não é o fato de ter estado na casa escura que conta,
mas o fato de ter saído dela.
Theodore Roosevelt

O Medo da Remodelação

Quatro da madrugada. Você se senta na cama com o coração disparado. Está suando frio e com uma sensação de pavor e de desgraça iminente. Pensamentos, sentimentos e imagens rodopiam em sua mente. À medida que vai despertando, começa a sentir medo. O que fazer? Como antídoto para o medo, a remodelação é um ótimo artifício.

O medo diz: "Eu não consigo". A remodelação diz: "Consigo". O medo diz: "Não vou conseguir lidar com as coisas ruins que estão acontecendo". A remodelação diz: "Posso superar as situações e as emoções dolorosas".

O medo é uma armadilha que nos aprisiona à infelicidade. Ele obscurece a análise, encobrindo com a ansiedade os acontecimentos negativos. Mas a superação do medo nos enriquece e nos propicia novas descobertas. Deixando que nossos verdadeiros sentimentos venham à tona, a remodelação nos ajuda a administrá-los e nos liberta.

E Se Eu Perder o Emprego?

Sally, 55 anos, vive uma vida maravilhosa numa cidade litorânea entre Los Angeles e San Francisco. Divorciada e sem filhos, ela trabalha no setor administrativo de um hospital — o único num raio de muitos quilômetros. Há alguns anos, uma empresa comprou o hospital e anunciou que haveria corte de funcionários, devido à necessidade de reorganização. Como quase todo mundo que se vê na iminência de perder o emprego, Sally foi dominada pelo medo.

> *Fui pega de surpresa, o que para mim é raro. Dependo do salário para pagar as contas. Não procurava emprego há trinta anos e morava na mesma casa desde então. Tinha vivido sempre com o mesmo grupo de amigos e não queria ficar sem eles.*
>
> *Eu não estava acostumada a sentir medo e então esse sentimento tomou conta de mim. Assim, no fim de semana seguinte, cancelei todos os compromissos e fiquei em casa, pensando nos motivos para estar tão transtornada.*
>
> *Nesse fim de semana, pelo menos uma coisa aprendi a meu respeito: eu estava ficando inflexível. Tinha vivido sempre no mesmo lugar e conhecia apenas uma vida. Tinha ficado vulnerável demais ao medo da mudança.*
>
> *Mas a solução não cairia do céu. Por isso, resolvi fazer alguma coisa.*

Procurando uma forma de enfrentar o medo, Sally o transformou numa oportunidade de aprender muitas coisas. Não era o fato de ser despedida que a assustava, mas os problemas que isso criaria. Assim, ela abordou sistematicamente cada um desses problemas.

> *Precisei de ajuda profissional para fazer um currículo – afinal era o primeiro em trinta anos. Fiquei surpresa: no papel eu parecia até boa demais. Procurei no jornal uma agência de empregos. Descobri assim que estava qualificada para outros empregos. Combinei com meus amigos do hospital que nós nos encontraríamos todas as semanas. Assim, não correria o risco de perdê-los. Nem dá para dizer como fiquei aliviada quando percebi que tinha outras opções.*

Perder o emprego não seria divertido, mas ela descobriu que podia enfrentar essa eventualidade. Sentindo-se segura, teve coragem de fazer algumas inovações no trabalho.

Na verdade, Sally ficou tão feliz que impressionou os novos administradores do hospital com seu otimismo e equilíbrio. Como não estava mais tão preocupada em manter o emprego, seu desempenho melhorou. No fim, ela não apenas passou ilesa pelo corte de funcionários, mas também conseguiu um cargo melhor.

Na história de Sally, há uma poderosa sinergia entre as cinco primeiras escolhas. A *intenção* de ser feliz venceu o medo. Ela se *tornou plenamente responsável* por si mesma, assumindo a responsabilidade de agir em vez de se sentir como uma vítima do desemprego. *Identificou* o que podia fazer para aplacar o medo. Respeitou suas *prioridades máximas,* agindo de maneira a se sentir bem. Finalmente *remodelou*: compreendeu suas emoções, aprendeu alguma coisa sobre si mesma e depois procurou novas possibilidades e desafios. Com isso, ela tem agora mais confiança na própria capacidade de enfrentar o futuro, seja ele como for.

Em chinês, a palavra crise é composta por dois caracteres.
Um representa o perigo e o outro representa a oportunidade.
John F. Kennedy

O Moinho de Vento

Sally passou por uma coisa que todos nós conhecemos: a mudança. As pequenas mudanças do dia-a-dia ou as grandes mudanças que abalam a vida fazem parte da nossa experiência, como a luz e as trevas, o calor e o frio. Aceitamos a inevitabilidade da mudança associando-a ao vento, um fenômeno também inevitável. Os ventos da mudança sopram continuamente em nossa vida.

Se imaginarmos esses ventos soprando à nossa volta, podemos associar a remodelação a um moinho de vento. O vento sopra — às vezes quente e suave, às vezes frio e anunciando tempestade — e, quando nos atinge, nós convertemos sua energia em poder. Se nosso moinho de vento estiver funcionando mal, nada fará de útil com o forte vendaval. Pelo contrário: as tempestades da mudança podem até nos machucar. Mas, se nosso moinho de vento estiver funcionando bem, suas pás e seu maquinário enfrentarão as rajadas, por mais fortes que sejam, transformando-as em algo útil.

O vento é pura energia, assim como o poder gerado pelo moinho. A essência do vento permanece a mesma. Só que ele passa a ser fonte de energia, para o crescimento e para o bem-estar emocional. Podemos também armazenar parte dessa energia para o futuro.

Da mesma forma, Sally deparou com os ventos da mudança e, por meio da remodelação, converteu as rajadas potencialmente destrutivas em energias positivas e benéficas. Graças a essa tempestade, sua situação melhorou e ela agora sabe que é capaz de remodelar com sucesso qualquer vendaval.

A Remodelação dos Medos

O processo de remodelar os medos pode ser condensado num diálogo interior. Nesse diálogo, você se dá permissão para sentir totalmente o medo e depois o coloca num contexto que lhe permita lidar com ele. Siga esse roteiro quantas vezes quiser.

1. "Tenho medo de _______."
2. "O que realmente me apavora é achar que não consigo ______."
3. "O que me ajudaria a ficar à altura da situação?" Faça uma lista das possibilidades.
4. "Quais as possibilidades mais realistas e o que dá para fazer agora?"

Às vezes, o diálogo da remodelação não requer ação imediata. Na verdade, é o próprio processo de remodelar, e não o resultado final, que alivia o medo. O processo cria alternativas, recursos e estratégias que reduzem o medo intenso à categoria de acontecimento contornável. Como é possível enfrentar esse acontecimento, o medo é reduzido ou eliminado. E há ainda outro benefício: a remodelação vai deixá-lo pronto para a ação.

Remodelação de Acontecimentos que Mudam nossa Vida

Há acontecimentos difíceis que mudam nossa vida para sempre: imigrar para um novo país, passar por uma grave crise econômica, servir o exército em tempos de guerra, tornar-se deficiente físico, ser traído no casamento. Esses eventos modificam nossa maneira de viver e os sentimentos que temos em relação a nós mesmos. É então que os benefícios da remodelação são mais aparentes.

A Volta de Mamãe

Aos 39 anos, Laurie tinha uma vida independente e vibrante. Tinha um bom círculo de amigos, era uma pessoa conhecida na cidade em que vivia e tinha um casamento sólido. Mas essa existência feliz foi ameaçada quando ela se viu de repente diante da necessidade de cuidar da mãe, Greta, que não via há vinte anos.

Ela e a mãe eram como água e vinho. Tinha sido sempre assim. Laurie achava a mãe distante e fria. E, de fato, Greta tinha sido uma mulher muito severa e restringido demais a vida social da filha. Quando criança, Laurie não podia brincar em casa com outras crianças e quando adolescente, não podia namorar. Acabou indo fazer faculdade em outra cidade e nunca mais voltou para a casa dos pais.

Depois de um derrame, Greta ficou presa a uma cadeira de rodas, apesar de continuar totalmente lúcida. Não tinha dinheiro e nem havia outros parentes para cuidar dela. Assim, Laurie era a solução — embora ela tinha odiado a idéia.

No início fiquei arrasada. Não podia haver desgraça pior do que deixarem aquela mulher na minha porta. Éramos estranhas, mal nos falávamos há duas décadas. Nunca imaginei que moraríamos de novo sob o mesmo teto. Eu não sabia cuidar de inválidos e, para ser honesta, a idéia de cuidar dela me causava repulsa.

Quando ela chegou, eu pensei: "Minha vida acabou! E agora?" Mas no fundo, eu sabia que para preservar minha felicidade precisava transformar esse golpe do destino em alguma coisa que valesse a pena. Era a única maneira.

Eu precisava, antes de mais nada, descobrir quais eram meus verdadeiros sentimentos em relação a ela. Percebi com clareza que estava tendo as mesmas reações de quando era adolescente. Eu achava que não tinha mais problemas com a minha mãe, mas estava me enganando. Já era hora de encarar a situação com um pouco mais de maturidade.

Quando comecei a me recuperar do choque de tê-la morando comigo, vi que pela primeira vez na vida tínhamos uma oportunidade de conversar. Depois de tantos anos, nós duas estávamos diferentes. Eu queria descobrir quem era realmente essa mulher.

Laurie e Greta começaram a falar do que sentiam uma em relação à outra. A situação ficou tão carregada que a gentileza foi deixada de lado. Quando conseguiram expressar abertamente a raiva que sentiam, ela começou a diminuir, dando-lhes uma oportunidade de ouvir o que tinham a dizer. Enquanto falavam do passado, Laurie foi deixando de ver Greta como uma personagem unidimensional: passou a vê-la como uma pessoa. Ela era uma mulher que, apesar de seus erros, tinha procurado fazer o melhor por Laurie. Ao vislumbrar a razão de certas escolhas da mãe, a hostilidade de Laurie se transformou aos poucos em compreensão e finalmente em amor e afeição.

Vejo agora que esse foi um tempo mágico. Tive seis anos para me conhecer e conhecer minha mãe. Eu a aceitei pela primeira vez na vida. Comecei a confiar na sabedoria dela. Ela se transformou em minha confidente e acabei por amá-la muito. De certa forma, aprendi também a me amar.

Faz sete anos que minha mãe morreu. Mas ainda converso mentalmente com ela. O que começou como uma situação terrível transformou-se numa das maiores dádivas da minha vida.

Uma das melhores coisas que nos aconteceu durante a pesquisa foi a oportunidade de conhecer pessoas como Laurie, que enfrentaram seus demônios e os venceram. E pessoas como Sheri que, apesar de infelizes, não são menos interessantes.

Em meio à dificuldade está a oportunidade.
Albert Einstein

Enganando a Si Mesmo

Sheri nos procurou num dia de treinamento numa empresa do Texas. Tinha ouvido dizer que estávamos escrevendo um livro sobre felicidade e queria ser incluída.

Sou uma pessoa extremamente feliz. Minha vida é ótima. Estou sempre de bom humor.

Mas Sheri não nos parecia feliz. Ao contrário: parecia distante e pouco à vontade com os colegas. Mas, como estávamos sempre em busca de novas pessoas para entrevistas, resolvemos ver se ela se qualificava. Perguntamos: "Como lidou com a experiência mais difícil da sua vida?"

A pior coisa que me aconteceu foi quando tinha 9 anos. Um dia, quando cheguei da escola, meu pai e minhas duas irmãs estavam ajudando minha mãe a entrar no carro. Ela estava coberta de sangue. Estavam indo para o pronto-socorro. Minha mãe tinha tentado se matar com uma lâmina de barbear.

Eu queria ir com ela, mas meu pai disse: "Você é a mais velha. Precisa limpar a casa". Entrei e fiquei horas esfregando o banheiro e lavando os carpetes. Havia sangue em todo lugar.

Quando mamãe voltou do hospital, nunca mais falamos no assunto. E não voltei a pensar naquele dia durante trinta anos. Para lidar com certas coisas é preciso ter uma atitude positiva. É por isso que sou tão feliz. Não lembrava mais desse dia, mas quando fiz terapia a lembrança surgiu de repente. Depois da terapia, esqueci tudo de novo por uns seis anos. Não adianta ficar remoendo certas coisas.

Não é só em relação à minha mãe que sou positiva. Sou positiva também em relação ao meu divórcio e aos meus problemas de saúde. Sigo em frente, seja como for.

Sheri reprimiu essa experiência, que deve ter sido horrível. É compreensível que quisesse anular a tristeza. Ainda criança, precisava continuar a viver sem sentir o terror daquele dia. Mas, infelizmente, essa negação não é felicidade, mas amortecimento.

Sheri é um exemplo do que acontece quando negamos o que sentimos em relação a algum acontecimento crítico. O que começa como uma reação psicológica natural para nos proteger da dor se transforma numa questão não-resolvida, que acaba afetando nossa maneira de reagir diante do mundo. Perdemos o controle sobre o acontecimento e ele acaba por nos controlar. Abafar as emoções cria a ilusão de que está tudo bem. Na realidade, esse é um estado de espírito artificial. Para sermos profundamente felizes, precisamos ter uma experiência total de nós mesmos.

O Lado Bom das Coisas

O pensamento positivo é amigo de todos nós. Dezenas de ditados maravilhosos nos aconselham a ver o lado cor-de-rosa da vida. Quando temos escolha, é mais produtivo — e mais gostoso — ver o lado bom ou engraçado de um problema do que insistir em seus aspectos ruins.

Mas a sabedoria desses ditados tem uma séria limitação. Algumas experiências são tão dolorosas e tão difíceis que é quase impossível ver o lado bom delas. Na verdade, pode não haver nenhum lado bom. A morte e outras tragédias inevitáveis que todos nós precisamos enfrentar não têm soluções simples.

Quando alguém tem alguma doença grave, aparecem sempre pessoas bem-intencionadas com ditados e conselhos positivos. Dizem elas: "Nada acontece sem motivo. Graças ao seu exemplo, outras pessoas vão se cuidar e não vão passar por isso. Não deixe que isso o desanime".

Quem está diante de problemas muito dolorosos, geralmente com várias causas, precisa de muito apoio e ajuda. Em vez de frases bem-intencionadas, essa pessoa precisa de um caminho claro para atravessar o lado escuro do trauma. Precisa sair do choque com um sentimento de plenitude e bem-estar.

Para isso, não basta "fazer limonada com o limão que Deus lhe deu". Essa pessoa precisa primeiro aceitar que o limão é um limão — azedo e ácido, mas perfumado e colorido. Só depois de experimentá-lo totalmente é que ela começa a abrir a porta que conduz à mudança positiva e à cura.

Aprenda a Remodelar

Aproveite esta oportunidade para começar a resolver um problema que o incomoda. Mas, primeiro, algumas palavras de advertência: os grandes problemas levam tempo para serem resolvidos e os traumas repentinos nos ferem ainda mais. Não há solução rápida. A remodelação exige tempo, prática e persistência. Mas o benefício é real e a remodelação consome menos energia que a dor e o sofrimento crônicos.

Escolha alguma coisa que o incomoda: o problema mais sério que tem no momento ou apenas uma questão que o aborrece há algum tempo.

Considere então as seguintes questões. São perguntas que as pessoas felizes fazem a si mesmas no processo de remodelação – e que nós usamos nos seminários. Lembre-se: são *grandes* questões – que geralmente não têm resposta imediata. Trabalhe nelas.

Quais as emoções que estou sentindo?

Será que me permiti sentir todas as emoções relacionadas a esse problema?

Por mais difícil que seja esse problema, o que ele me ensinou a meu respeito (ou a respeito dos outros)? Já reavaliei minha vida?

E minhas emoções e reações? O que elas me ensinam a meu respeito?

Esse problema me permitiu fazer mudanças positivas? Será que posso modificar minha vida de maneira a me tornar mais feliz e mais produtivo?

É pouco provável que esse problema se modifique. Neste caso, como valorizar as outras partes da vida?

Perdas Sucessivas

Como se uma crise só não fosse suficiente, há épocas da vida em que as perdas se acumulam. Vocês leram a história de Adele, no Capítulo 1 – "Intenção" –, que sofreu uma série de traumas num período muito curto.

Em 1991, os pais de Adele morreram de maneira inesperada. Sua casa pegou fogo durante uma tempestade e ela perdeu tudo, inclusive seu adorado cão labrador. Foi obrigada a fechar o restaurante por causa de um aumento abusivo no aluguel. Seu marido começou a ter um caso e a deixou. Logo depois, sua melhor amiga mudou da cidade. A vida de Adele tinha entrado em colapso – ela não tinha mais nada.

Duas escolhas – intenção e remodelação – desempenharam os papéis mais importantes no caminho que Adele percorreu, da desolação emocional a uma felicidade que jamais sentira. Quando Adele chegou no seu pior momento, a intenção de ser feliz lhe deu energia para superar um sofrimento atroz. Essa intenção se transformou num compromisso com a vida. Depois, a remodelação lhe abriu um caminho para superar a perda.

Nos piores momentos, Adele chegou a sentir que não faltava muito para ela própria morrer. Como lhe restava tão pouco, parecia que tinha pouco a perder.

Comecei a examinar a situação. Para ser franca, nada mais tinha para examinar, além de mim mesma. Lembro-me de lutar contra a vontade de me fechar emocionalmente. Mas, nessa época, minhas emoções pareciam ser tudo o que eu tinha. Evitei tomar remédios. Sabia que, se reprimisse meus sentimentos, eles reapareceriam depois e eu teria de senti-los outra vez. De qualquer forma, o fato de sentir alguma coisa significava que eu ainda estava viva.

Eu me obriguei a encarar a dor. Chorei muito. Nunca reprimi nenhum sentimento. Nem sei onde estaria sem eles: eram meus indicadores, meus guias. Sempre que me sentia vazia, eu meditava. Quando me sentia insegura, chamava um amigo para conversar. Entrei num grupo de apoio para mulheres. Escrevi cartas, que nunca mandaria, para minha mãe, para meu pai e para meu ex-marido. Abri meu coração para eles. Além de sentir as emoções, eu deixei que elas se derramassem nas páginas escritas. Fazia muito tempo que eu não me abria assim.

Foi nesse período que aconteceu uma coisa importante. Essas marés de emoção intensa se insurgiram contra a realidade das minhas perdas. Quando colidiram – realidade e sentimento – a dor começou a se transformar em algo mais suportável. Foi nesse ponto que comecei a desviar a atenção daquilo que não existia mais – daquilo que eu tinha perdido – para o que poderia vir a existir...

Pelo simples fato de ter perdido todas as minhas coisas e meus relacionamentos mais importantes, fui reduzida a meu eu essencial. Nada me impedia de sentir meu verdadeiro eu. Era essa a oportunidade: eu tinha a chance de construir uma vida mais autêntica para mim mesma.

Adele deu início a uma tarefa quase impossível – começar de novo sem apoio nem recursos externos, de dentro para fora. Percebeu que, apesar da perda, seus recursos permaneciam intactos – a capacidade de sentir profundamente, as lembranças, a capacidade intelectual e a saúde física. Tinha também uma vida inteira de experiências a que recorrer. Aos poucos, mas com firmeza, ela começou a se refazer.

Onde está Adele agora? Ela fez mais do que sobreviver: ela floresceu. Com sua experiência profissional, começou uma pequena empresa de congelados, que já cresceu bastante. Com o dinheiro do seguro do incêndio conseguiu construir uma serena "casa na árvore", que dá para um vale verdejante em Berkeley Hills. E investiu muita energia para formar um grupo de amigos que certamente ficarão com ela por toda a vida.

Nunca me considerei uma pessoa feliz. Mas agora eu sou. Nos últimos anos, criei uma nova vida. Aprendi a viver totalmente, a aceitar a vida como um todo. Não estou procurando alguma coisa que me faça feliz, pois eu mesma me faço feliz. Tenho a impressão que floresço em tempos difíceis. Sinto-me satisfeita e tranqüila.

Não sabia o que era autoconhecimento. Mas agora eu me conheço. Conheço meus limites, meu escopo emocional, minhas paixões. E sei que posso construir uma vida em torno disso. O que tenho agora é uma vida que reflete meu verdadeiro eu!

Eu vi a dor se transformar em clareza.
Yoko Ono

Suicídio — Como Manobrar um Navio de Guerra com um Remo

Quando morreu, aos 87 anos, minha avó tinha vivido uma vida longa e generosa. No enterro, toda a família celebrou o que ela significava para nós e a pessoa que tinha sido. Mas, há três anos, quando meu pai cometeu suicídio, aos 53 anos, foi um tipo diferente de morte...

Você já deve ter entendido o que é remodelação – especialmente a vontade de encontrar um significado. Mas certos acontecimentos são por definição sem significado, como as balas perdidas e as mortes prematuras, devidas ao câncer ou à AIDS. Mesmo sentindo as emoções que cercam tais acontecimentos, como remodelar algo que não faz sentido?

Os suicídios deixam atrás de si uma terrível herança de perguntas não respondidas. É difícil enfrentar esse tipo de vazio. É uma nuvem que não tem seu lado cor-de-rosa. A história que se segue é sobre a busca insistente de Nathan por significados não tão aparentes.

Nathan nunca vai saber por que seu pai tirou a própria vida. Os negócios dele iam bem. Nathan e sua irmã tinham um estreito relacionamento com ele. E o casamento de 28 anos com a mãe de Nathan era sólido. Não havia qualquer indício de que o pai tivesse algum problema.

Quando telefonaram, eu desmoronei. Solucei e vomitei por dois dias seguidos. Mal me lembro de falar com minha irmã e com minha mãe. No enterro eu estava atordoado – como se estivesse em coma.

Depois a dor se instalou. Uma dor de cabeça de explodir e uma sensação de ter sido atingido no estômago. Cinco dias depois, perguntas terríveis começaram a pipocar na minha cabeça.

Por que o pai de Nathan tinha se dado um tiro? Estaria aflito, doente, com problemas financeiros? O que ele tinha escondido de todos? Será que tinha sido levado à autodestruição por alguma crise filosófica ou moral? Estaria deprimido? Se tivesse deixado um bilhete ou conversado com um amigo haveria alguma maneira de explicar a tragédia. Mas o pai de Nathan tinha sido um homem discreto, que quase não demonstrava o que sentia. A família estava diante de um buraco negro emocional.

Nathan conversou muito com os sócios e amigos do pai, à procura de uma explicação. Mas, três anos depois, ainda não tinha uma resposta.

A pior parte eram os "e se". E se eu tivesse telefonado para ele naquela manhã? E se eu tivesse percebido que ele tinha problemas? E se não tivesse discutido com ele no mês passado?

Nos primeiros meses, parecia que eu jamais superaria aquela dor. Que propósito haveria naquilo tudo? Parecia que a única saída era o esquecimento – deixar que o tempo cicatrizasse a ferida.

Uma manhã, fiz uma descoberta que salvou minha vida. Percebi que não havia propósito algum a ser encontrado e que eu nunca teria uma explicação para o que meu pai tinha feito. Eu precisava de respostas, mas elas diziam respeito a mim mesmo.

Nos meses seguintes, Nathan levou sua busca ainda mais longe. Fez promessas a si mesmo. Refletiu sobre a natureza da relação pai-e-filho e começou a prezar ainda mais seu relacionamento com o filho de 4 anos. Decidiu romper os padrões familiares para ser mais aberto e para ter uma ligação mais íntima com o filho. E fez um esforço para ser ainda mais honesto do que tinha sido até então. Refletiu sobre a ética do suicídio, sobre a falta de consideração do pai e percebeu como sua própria vida era preciosa para outras pessoas. Aceitou o novo sentimento de responsabilidade pela mãe e pela irmã, fazendo-se mais presente do que costumava ser.

A mãe e a irmã de Nathan passaram por um processo diferente. O suicídio tinha sido um golpe igualmente duro para elas e, como Nathan, elas se entregaram à dor. Só que nunca superaram a tragédia. Passaram anos refletindo sobre os "porquês" da morte.

Tenho medo de que nunca superem o estágio do choro. Ainda estão em choque. A vida delas estacionou no tempo.

Não é que eu não sinta mais nada. Acho até que nunca vou me livrar da tristeza, pois agora ela faz parte de mim. Mas com a morte do meu pai eu cresci. Ela me ajudou a encontrar respostas para algumas perguntas sobre a vida. Aprendi que minha vida é preciosa. Cada minuto é importante e não negligencio mais nada.

Essa foi a coisa mais difícil que já fiz na vida. Mais difícil do que manobrar um navio de guerra com um remo. Mas consegui.

Acho que os anos que passei na prisão foram os mais instrutivos e os mais importantes da minha vida por causa da disciplina, das sensações, mas principalmente pela oportunidade de pensar claramente, de tentar compreender as coisas.

Jawaharlal Nehru

A remodelação se destaca entre as escolhas das pessoas felizes porque age especificamente em situações de profunda infelicidade. As outras escolhas geram uma felicidade ainda maior, enquanto a remodelação restaura a felicidade que foi abalada. Por isso, é uma habilidade essencial. Sem ela, continuamos despreparados diante das crises, mesmo tendo feito as outras escolhas.

Bem, e agora? A remodelação nos ensina que, além de sobreviver, podemos prosperar em períodos difíceis. É como começar a sair de um túnel escuro. Mas para ir aonde?

Estamos prontos para mergulhar na miríade de coisas maravilhosas que a vida tem a oferecer. Estamos prontos para nos abrir às opções.

Capítulo 6

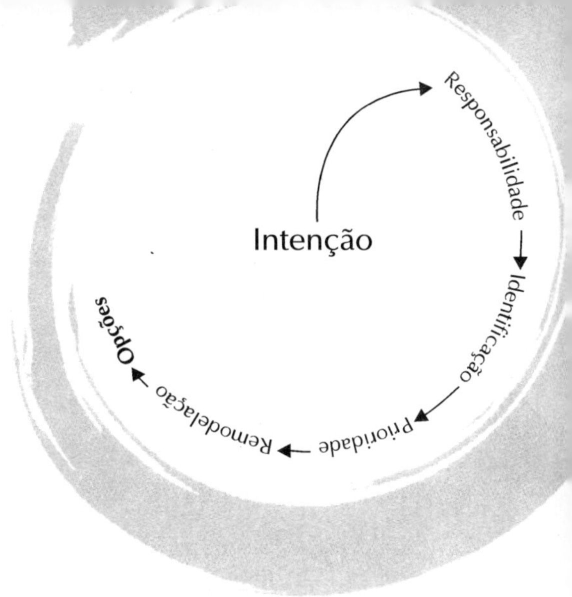

Opções

Sou livre quando deixo que minha vida se desdobre. Quando me restrinjo a resultados conhecidos, fico com um laço em volta do pescoço.

Adele Goldstone, empresária

De manhã semeia tua semente, e até a tarde não cruzes os braços; pois não sabes qual delas dará bom resultado e se todas terão igual êxito.

Eclesiastes, 11:6

Para florescer num mundo em constante mutação, as pessoas felizes se abrem para a profusão de oportunidades que surgem todos os dias. Sem se limitar aos caminhos retos e estreitos, elas são inspiradas por uma multiplicidade de caminhos, alguns bastante incomuns.

Elas vão além do óbvio e não se contentam em agir da maneira que é a mais comum e a mais aceita, procurando sempre descobrir todas as alternativas. Para elas, a parte excitante da vida é a própria jornada e não seu destino. Seguras dessa atitude, começam todas as manhãs uma viagem de exploração pessoal, sem o peso das metas e das expectativas predeterminadas.

Viagens com Robin

Para as pessoas felizes, qualquer experiência é uma oportunidade de viver uma aventura. Uma viagem de negócios, a festinha na escola das crianças ou até mesmo uma temida reunião em família são ocasiões cheias de possibilidades e de potencialidades imprevisíveis.

Robin, uma professora de piano de 41 anos, tem uma vida rica e variada, que integra seus maiores interesses: tocar em espetáculos infantis, trabalhar com as pessoas de que gosta, dar aulas. Robin adora viajar e se orgulha de ter percorrido os cinqüenta Estados do país.

> *Para mim, viver é curtir cada momento das minhas viagens: uma parada na estrada para ir ao banheiro, por exemplo, me apresenta a uma nova cidade que acaba sendo o ponto alto da viagem.*
>
> *Quando viajo, deixo tudo indefinido. Nunca tive um itinerário pré-definido e nem pretendo ter. Assim, aproveito as coisas bizarras e maravilhosas que se apresentam. Uma coisa leva a outra. Quando chego a uma cidadezinha, entro na primeira loja e pergunto: "Qual é a melhor coisa desta cidade?" Pode ser a torta divina que a dona da pensão serve no almoço, a viagem pelo lago num barquinho de aluguel ou o dinossauro de quatro metros de altura que alguém construiu no jardim. Dessa forma, conheci pessoas maravilhosas e fiz coisas incríveis.*
>
> *É isso que me traz alegria. Esse jeito de viajar serve de modelo para minha vida. O que vale é celebrar o desconhecido. Não gosto de criar expectativas em relação ao dia. Na verdade, minha única expectativa é que aconteçam coisas novas e maravilhosas, pois assim fico aberta a todas as possibilidades. Em vez de ficar desapontada quando certas coisas não acontecem, fico maravilhada com o que acontece...*
>
> *Em geral, as pessoas nem chegam a perceber aonde poderiam ter ido. Vão de um lugar a outro sem notar a diversão e as experiências que o caminho oferece. Assim, muitos perdem a chance de ver os dinossauros de quatro metros.*

Nem todas as pessoas felizes que conhecemos são tão espontâneas quanto Robin. Algumas preferem um planejamento mais detalhado e uma agenda estruturada. Mas uma coisa todas têm em comum: nunca são rígidas em relação aos planos que fazem. Livres do pressuposto de que tudo precisa acontecer de determinada maneira, elas encaram cada dia com flexibilidade. Para elas, a rigidez só traz infelicidade.

Podemos planejar os acontecimentos, mas, se eles ocorrerem
conforme os planos, não serão acontecimentos.
John Berger

Pensamento Convergente *Versus* Pensamento Divergente

Há dois tipos de pensamento e, diante de uma decisão, usamos ou um ou outro. Um é o pensamento convergente: eliminamos rapidamente as possibilidades até que fique uma só. A vida em sociedade nos ensina que essa maneira de pensar é a mais eficaz. O "julgamento instantâneo" é uma modalidade comum do pensamento convergente, assim como a redução dos caminhos viáveis a uma única maneira de ir do ponto A ao ponto Z.

As pessoas felizes encaram a vida de maneira diferente. Usam o pensamento divergente: consideram várias probabilidades, sem se prenderem a um único resultado. Assim, descobrem possibilidades e desenvolvem enredos. Costumam dizer que a conclusão "vem por si só".

Vamos usar como exemplo duas maneiras de pescar.

Como todos nós navegamos em mares desconhecidos, não há como saber que experiências a vida nos reserva para o futuro. Sendo assim, como pescar nas águas da vida?

Seguindo o pensamento convergente, é preciso antes identificar o tipo de peixe que se quer pegar. Depois, jogamos na água uma única linha, na profundidade indicada, e esperamos fisgar um peixão. As desvantagens dessa abordagem são claras. Pode ser que leve muito tempo para o peixe esperado aparecer e pode ser até que ele jamais apareça, o que é certamente uma frustração. Há ainda outra desvantagem: com a atenção voltada para uma só meta, nem percebemos o espetáculo marinho que transcorre além e abaixo do nosso anzol.

Mas, quando usamos o pensamento divergente, jogamos uma rede sem ter em mente um peixe específico. O que será que vai cair na rede? Com tanta atividade na água, é provável que seja alguma coisa interessante. Ao separar alegremente o que pegamos, podemos escolher os peixes que vamos guardar e os que vamos jogar de novo na água.

O acaso é sempre poderoso. Jogue sempre o anzol;
na água em que menos se espera haverá peixe.
Ovídio

Jogar a Rede

Jason é um programador de computadores de 25 anos e recém-casado. Às vezes, nos domingos de manhã, ele se levanta cedo e vai à feira de antigüidades perto da sua casa. Não vai necessariamente para comprar alguma coisa: vai pela aventura.

Eu me sinto como um arqueólogo urbano. Gosto especialmente das fotos e pinturas antigas. Gosto de estudá-las, de ficar imaginando quem são aquelas pessoas, ter um vislumbre da vida delas. O ideal são os velhos retratos de família.

As horas que passo na feira de antigüidades sempre levam a alguma outra coisa. Já tive aulas de aquarela. Já me interessei pela cultura da Europa Oriental e pela cultura americana da virada do século...

A feira de antigüidades instiga a imaginação de Jason. Um dia, depois de revirar todas as bancas, ele viu, entre velhos pôsteres e quadros, uma aquarela esmaecida que lhe chamou a atenção. Cativado por *Paris – 1948*, como se chamava a aquarela, Jason a comprou por dois dólares. Era uma cena de rua iluminada pelo sol, tendo ao fundo a Catedral de Sacre Coeur. Como Jason nunca estivera na Europa, a pintura representava a Paris que ele imaginava e que tanto queria conhecer.

Como tantos outros objetos da feira de antigüidades, essa aquarela lhe abriu a mente para outro lugar e para outro tempo, avivando sua curiosidade sobre Paris e sobre a cultura e a arquitetura francesas.

A maioria das pessoas pararia por aí, deixando as fantasias para trás. Mas é aí que o pensamento divergente faz a diferença. Ao voltar para casa, Jason ficou pensando na possibilidade de ir a Paris.

Alguma coisa naquela pintura realmente me tocou. Talvez fosse a semelhança com todos os cenários da Metro, daqueles que emolduravam Leslie Caron e Gene Kelly. Quem sabe? Mas, pensei, por que não me informar amanhã sobre o preço de uma viagem para mim e minha mulher? O pior que poderia acontecer era descobrir que não dava para ir. E como não estava mesmo pensando em ir, o que eu tinha a perder?

Jason jogou a rede. Em vez de se prender à idéia do que é realista, ele foi ao agente de viagens e pesquisou todas as opções. Será que dava para ir a Paris no Natal? Como era baixa estação, havia descontos nas passagens aéreas, diárias de hotéis e aluguel de carros. Jason pesquisou também vôos baratos para outras cidades, decidindo-se, numa extravagância, incluir uma visita a Barcelona — e tudo pelo preço de uma viagem de duas semanas dentro dos Estados Unidos.

Eu não estava nem acreditando que ia para a Europa. Logo que chegamos a Paris fomos a Montmartre procurar a rua da minha pintura. Quando a descobrimos foi o céu.

A padaria ainda estava lá. Em cinqüenta anos, pouco tinha mudado – tinha até o mesmo toldo e as mesmas venezianas. Almoçamos no restaurante da pintura e contei ao dono como tinha sido minha odisséia até Paris. Ele nos indicou alguns museus, onde havia mais pinturas da mesma rua. Nos museus, acabamos conhecendo lugares e artistas que nem sabíamos que existiam.

A exploração de Jason foi além de Paris. Em Barcelona, no mercado ao ar livre "Els Encants", ele viu outra pequena aquarela, desta vez de uma cidade à beira-mar. Era o tipo de lugarejo que ele via em livros de viagens e que sonhava em conhecer. Um porteiro do hotel identificou o lugar da pintura: era Tossa del Mar, uma deliciosa cidade medieval. Já dá para adivinhar onde Jason e sua mulher foram no dia seguinte.

Não há magia nem coincidências nessa história. É o tipo de história que as pessoas felizes costumam contar – a simples vontade de se abrir e a recusa a permitir que os obstáculos, reais ou imaginários, atrapalhem. É isso que leva à aventura.

Sempre que nos deixamos levar por hipóteses negativas, arrancamos a possibilidade pela raiz. "Não tenho dinheiro para fazer isso." "Ele não vai concordar." "Acho que tem algum regulamento contra isso." Se sucumbirmos a essas dúvidas, o que acontece? Ficamos em casa em vez de ir a Paris!

Viver! Sim! A vida é um banquete e
muitos trouxas estão morrendo de fome.
Patrick Dennis, Auntie Mame

Uma Carreira Divergente

Engenharia é reconhecidamente uma profissão que permite uma carreira estruturada. Mas, na Califórnia, conhecemos Phyllis, uma engenheira de 70 anos. Graças ao pensamento divergente, seus 45 anos de carreira foram muito gratificantes. Ao longo da vida profissional, Phyllis continuou curiosa, buscando novos rumos para enriquecer seu crescimento. Ela estava sempre procurando.

Agora, semi-aposentada e vivendo com o marido em Santa Barbara, seus interesses ainda são amplos. Uma das primeiras mulheres a fazer engenharia, ela tem orgulho de suas conquistas e de seu pioneirismo.

Quando comecei, havia um mito entre os engenheiros: um só caminho conduzia ao sucesso e esse caminho passava por determinados marcos. Depois da formatura, só se subia na empresa passando por esses pontos: projetista, pesquisador, líder de projeto, gerente. Vinha finalmente o último marco: vice-presidente.

No início da carreira, Phyllis se submeteu a esse mito. Sentia-se obrigada a chegar a um determinado nível profissional com determinada idade e a ganhar um determinado salário em tal época. Quando não conseguia atingir um determinado marco, ela se sentia um fracasso, principalmente se seus colegas homens o atingiam primeiro. Além de seguir o caminho deles, ele tentava agir como eles, falar como eles e ser um deles.

Eu era infeliz. Então, bolei o grande plano. Estávamos todos competindo pela mesma coisa e eu nem queria essa coisa. Já tinha quebrado as regras ao me tornar uma mulher engenheira. Por que agora tinha que segui-las? Então me transformei numa exploradora! Não ia ser feliz se não sintonizasse minha carreira com aquilo que eu realmente sou.

Quem é Phyllis? Ela adora engenharia, mas adora também outras coisas. Como combinar seus interesses com a carreira? Permanecendo aberta a tudo; foi assim que ela conseguiu.

Na época eu era líder de projeto. Sentindo-me limitada nessa função, achei que era hora de procurar uma nova direção. Como sempre adorei escrever, respondi a um anúncio que procurava alguém para escrever artigos para um revista de engenharia.

Ela não conseguiu o emprego na revista por excesso de qualificação. Mas lhe ofereceram um cargo muito melhor: diretora de pesquisa do jornal. Três anos depois, começou a escrever uma coluna assinada.

Eu estava nas nuvens. Escrever sobre engenharia unia dois dos meus interesses. O emprego durou cinco anos. E nesse período experimentei um monte de coisas. Editei, fui contato junto às editoras, fui representante de marketing. *Gostei de algumas dessas coisas, de outras não. Mas não me arrependo. O importante é que não fiquei parada. Qualquer uma dessas escolhas era muito menos importante do que o fato de estar sempre escolhendo.*

Tenho uma filosofia: qualquer escolha pode ser revertida, mas não escolher é irreversível.

Moral da história: as coisas não se formam na cabeça, mas no processo da vida. A única maneira de encontrar a alegria é deixar a vida rolar. Assim, vou parar em lugares que nunca teria imaginado.

Como tinha muitos contatos, Phyllis estava ficando conhecida. Impressionado com seus múltiplos talentos, o presidente de uma grande firma de engenharia lhe ofereceu o cargo de vice-presidente, um cargo em que seria responsável pelas relações com os clientes. Phyllis aceitou o emprego com a condição de continuar escrevendo sua coluna. Foi outro grande salto em sua carreira. Em cinco anos, Phyllis se tornou presidente da empresa – naquela época uma conquista incomum.

A esta altura da minha vida, quanto menos metas específicas tenho, mas feliz eu fico. Quando definia as metas, eu acabava me sentindo infeliz. Quando parei de me preocupar com os tais marcos, fiquei muito mais satisfeita. Para mim, eles tiram toda a graça da vida.

Phyllis assumiu o papel de exploradora. Mas o que acontece quando seguimos um plano rígido? Podemos ter sucesso? Podemos ser felizes?

A escolha pode ter sido errada, o fato de escolher não.
Stephen Sondheim, da canção "Move On"

Uma Carreira Convergente

Como Phyllis, Darrell também é engenheiro. Por 25 anos ele trabalhou para uma prefeitura da Flórida. Apesar do sucesso, ele não se considera "particularmente feliz". Com pouco mais de 20 anos, Darrell mapeou um plano profissional detalhado que seguiu sem fazer concessões. Agora, com 50 anos, ele mapeou o resto da sua carreira e tem certeza de que este plano vai finalmente fazê-lo feliz.

A segurança sempre foi minha meta e por isso planejei minha vida inteira. Sabia que para ter a aposentadoria que desejo precisava me ater a uma só profissão. Não vou passar ao próximo nível por cinco anos. Então, quando tiver 55 anos, vou estar preparado para ir para outra empresa como executivo sênior. Estarei então velho demais para continuar subindo. Aos 60 anos planejo conseguir um emprego para dar aulas de engenharia. Aos 65 vou ter dinheiro para me aposentar e fazer o que realmente quero.

E o que Darrell realmente quer? Ele não sabe. Se seguir seu plano até a aposentadoria, terá mais quinze anos num emprego que lhe dá segurança, mas que não é o que ele quer. Darrell tem certeza de que esse plano é "a única maneira possível". E encontra com facilidade dez razões para provar que qualquer outra abordagem jamais funcionaria.

Por que ele está tão infeliz? Porque está preso ao próprio plano, sem disposição para considerar qualquer outra possibilidade. E qual é sua queixa favorita?

Parece que para mim nada dá certo. Algumas pessoas têm sorte e outras não. Estou muito cansado de ficar desapontado com a vida.

Darrell está desapontado porque aceita como "única alternativa" tudo o que a vida lhe apresenta.

P: "O que você se vê fazendo daqui a cinco anos?"
R: Não tenho idéia. Nunca tive um plano de carreira nem pretendo ter. Faço o que gosto no momento e depois vejo para onde isso me leva. Eu flutuo rio abaixo, depois acordo e digo: "Cá estou eu. Foi legal flutuar".
Diane Sawyer, entrevistada na US Magazine *em setembro de 1997.*

O Risco da Flexibilidade

Darrell levanta uma questão razoável: a segurança. Pois vamos considerar o oposto da segurança: o risco.

É mais arriscado seguir um caminho ou explorar várias alternativas? Ao buscar a segurança, Darrell acha que sabe exatamente o que vai acontecer no futuro. Mas o futuro raramente é o que esperamos. No caminho estreito de Darrell, cada mudança significa uma frustração. Na verdade, Darrell nos disse que está sempre ansioso, torcendo para que nada de imprevisto aconteça e arruíne seus planos.

As pessoas felizes diriam que Darrell, tão preocupado com a segurança, está na verdade se expondo ao perigo. Mesmo achando que não, ele corre um risco terrível ao planejar um único roteiro. Não diversificou as apostas. Na verdade, está muito menos seguro do que as pessoas que, segundo ele, se arriscam por não seguirem um plano.

A inflexibilidade de Darrell lhe confere uma vida mais estressante e menos satisfatória. Imagine um ator que conseguiu o papel principal. Ele compra o livro com o texto da peça e vai para casa. Trancado no quarto, memoriza metodicamente suas falas até chegar à interpretação perfeita. Diz a si mesmo: "Pronto. Está perfeito. Acabei".

Então começam os ensaios. Ele tem tanta certeza de ter concluído a tarefa que não ouve os outros atores, não dá atenção às deixas. Não está aberto para descobrir novas interpretações, não percebe que a história está tomando outro rumo. Por melhor que seja tecnicamente, ele é um infeliz participante dessa produção. Não consegue entender que é parte de um conjunto de circunstâncias que fluem constantemente e têm um forte impacto sobre o desenvolvimento do seu personagem. Ele sabe tudo o que há para saber sobre esse personagem, mas nada dá certo. Ele se sente isolado porque não acompanha o crescimento e o desenvolvimento que ocorre à sua volta.

Você está perdido no instante em que sabe qual será o resultado.
Juan Gris

Ingressos Perdidos, Oportunidades Ganhas

William é um sujeito feliz. Tem mulher, dois filhos adolescentes, dois *poodles* e mora perto da Union Square, no coração da cidade de Nova York. A vida na cidade grande é desgastante. Problemas inesperados surgem a cada esquina. Mas William tem uma técnica de sobrevivência.

Sempre que fico desapontado, eu me pergunto: "Que oportunidade a vida me traz? Será que dá para mudar minha visão do problema para vê-lo sob uma nova luz? Quais são as minhas escolhas?" O engraçado é que geralmente o resultado é melhor do que aquilo que eu queria no começo.

William nos contou o que tinha acontecido na véspera, quando foi comprar ingressos para o show mais badalado da Broadway. Ele sabia que estavam esgotados, mas resolveu tentar a sorte. Sua persistência costumava ser recompensada. Dito e feito. Comprou para aquela noite dois ingressos, que tinham sido devolvidos. Foi correndo telefonar para Heidi, sua filha de 13 anos que sempre o acompanhava ao teatro, e ela ficou muito animada com a oportunidade de ver o espetáculo.

Mas, em meio a tanto entusiasmo, os ingressos desapareceram. William achou que tinham caído quando correu para atravessar a rua. O bilheteiro lembrava dos números dos ingressos que tinha lhe vendido, mas isso não adiantava. Alguém podia achar os ingressos e ocupar os lugares. Mas o administrador do teatro prometeu fazer o possível para ajudar.

Fiquei furioso comigo mesmo, achando que tinha estragado a noite. Então recorri à velha pergunta: "Qual é a oportunidade que a vida me traz?"

Levei quinze segundos para vê-la claramente. Heidi e eu podíamos transformar a noite numa aventura. Havia agora a emoção de não saber o que a noite nos traria. Haveria alguém em nossos lugares? Como seriam essas pessoas? Que história teriam para contar? Como teriam conseguido os ingressos? Como terminaria tudo? Talvez o administrador nos conseguisse lugares ainda melhores.

Havia muitas tramas alternativas nessa aventura. Esse potencial para grandes histórias parecia ainda mais interessante do que ver o espetáculo e pronto.

O desfecho dessa história? Algumas horas depois, William encontrou os ingressos no fundo do bolso interno da jaqueta. Mas viveu essas horas sem *stress* nem frustração, porque enxergou além do problema imediato e descobriu outros aspectos da situação.

Criatividade, Limitações e Monotonia

Tradicionalmente, nossa cultura nos ensina que para atingir as metas é preciso trabalhar duro e persistir no caminho certo. Pais, professores, pastores e patrões nos dizem que é preciso olhar para a frente, meter a cabeça no trabalho e manter o queixo erguido. Francamente: só um contorcionista consegue fazer tudo isso ao mesmo tempo.

Se nossa sociedade tivesse um porta-voz, ele nos diria que a produtividade, e não a felicidade, é a prioridade número um. Como o maior representante da sociedade, o mundo empresarial nos condiciona à produtividade, estabelecendo metas "específicas, mensuráveis e realistas". Nesse mundo, só é bem-sucedido quem trabalha de sol a sol, tem estabilidade financeira e persegue seus objetivos. Isso pode resultar em sucesso, mas não em felicidade.

Procure se lembrar de suas maiores realizações: você verá que elas nada tinham de realistas ou mensuráveis. Mas mesmo assim você foi em frente. A felicidade exige esse tipo de criatividade irrestrita. Se fizermos apenas o que sabemos que é possível, vamos nos privar de nossos melhores momentos.

Ao sair dos limites do que é "realista", você se transforma num artista pintando sua obra-prima, num explorador mapeando novos territórios. Cria novas maneiras de ver as situações, inova no trabalho e em casa. É impossível ficar entediado.

Viver é não ter certeza, não saber o que vem em seguida,
nem como virá. No momento em que se sabe, morre-se um pouco.
O artista nunca sabe totalmente. Adivinhamos. Podemos estar errados,
mas damos um salto atrás do outro no escuro.

Agnes de Mille

Não Tenho Opções

Muitos de nós acham que não têm opções. As responsabilidades nos restringem. O emprego nos aprisiona. Somos muito pobres, muito velhos ou muito cansados para mudar de vida. E não temos tempo nem recursos.

Para as pessoas felizes, as limitações são desafios. E como elas enfrentam os desafios? Com criatividade. São como escultores que enxergam belas formas em blocos de granito. Dê a elas o que parece nada e elas se divertem na tentativa de transformar esse nada em alguma coisa. Cada dia oferece a possibilidade de novos relacionamentos, de estudos, de crescimento pessoal, de desenvolvimento profissional ou de simples diversão.

Você acha que tem limitações? Pois tem razão. Seja você rico e independente ou um condenado à prisão perpétua, sua vida é repleta de limitações. Mas você tem também uma miríade de opções.

Em nossos seminários usamos um exercício para provar, no nível mais básico, que sempre temos opções, mesmo quando achamos que não. Eis como funciona:

Os participantes são divididos em dois grupos, que ficam sentados de frente um para o outro, observando-se por dez segundos. Depois, eles viram as cadeiras e ficam de costas, com a tarefa de modificar em si mesmos cinco coisas bem visíveis.

Geralmente, um burburinho enche a sala. "Não me ocorrem cinco coisas!" Mas, depois de pensar um pouco, quase todos encontram algumas soluções. Mudam o relógio de pulso ou desabotoam um botão. E os mais ousados tiram um dos sapatos. Depois, os parceiros tentam adivinhar o que está diferente. Há um detalhe interessante: nesse ponto do exercício muitos ficam pouco à vontade, ansiosos para recolocar o relógio no "braço certo".

Mas o verdadeiro objetivo desse exercício não é descobrir as diferenças. O mais importante vem depois. Pedimos que coloquem novamente as cadeiras de costas umas para as outras e modifiquem mais dez coisas.

Desta vez o burburinho é bem mais alto. "Impossível!", eles gritam. Então nós dizemos: "Para conseguir, vocês precisam ser muito criativos. Precisam se arriscar. Saiam do sério. Enlouqueçam!" A maioria das pessoas parece precisar dessa permissão para romper as próprias barreiras, abrindo assim novas possibilidades. Quando se sentem livres para fazer isso, não modificam apenas dez coisas: algumas modificam vinte ou trinta.

Quando o exercício acaba, estamos diante de um mar de inovações. Os participantes sorriem de orelha a orelha com as meias pendendo das hastes dos óculos, o cinto amarrado na cabeça, os cordões dos sapatos amarrados nos dedos e a camisa ao contrário. Apesar da resistência inicial, o grupo bem-vestido e discreto era amplamente capaz de se transformar.

Esse exercício é uma metáfora da vida. Há um número muito maior de possibilidades do que nos permitimos enxergar. Elas podem ser infinitas. Basta abandonar as noções preconcebidas e começar a procurar.

Quais são os riscos? Como no exercício, você não quer parecer um idiota. Talvez fique sem jeito. Os outros podem achá-lo ridículo se mexer em sua imagem pública, cuidadosamente cultivada. E pode ser que você mesmo comece a se enxergar de outra maneira. Mas, se é como as pessoas dos seminários, você vai esquecer a opinião dos outros e começar a se divertir.

Novas Opções

Aprenda a explorar várias opções sempre que surgir uma situação difícil, que o desafie. Siga estes passos:

1. Lembre de uma situação recente que o deixou desapontado: alguma coisa que não aconteceu como você queria. Visualize cada detalhe, analise cada sentimento que teve na ocasião. Forme um quadro claro em sua mente.

2. Qual era seu nível de consciência naquele momento? Você estava com o piloto automático ligado? Visualize opções que teriam tornado a situação mais tolerável ou que poderiam tê-la transformado numa grande oportunidade. Enumere-as sem fazer julgamentos. Às vezes, as idéias mais extravagantes acabam sendo as melhores. Quantas idéias você teve?

3. Será que essas opções o teriam ajudado a criar uma situação mais feliz? O que atrapalhou?

A chave para enxergar opções é a consciência. Se estiver consciente de que é capaz de criar opções e possibilidades a qualquer momento, você vai procurá-las. Você pode estar num momento agradável ou diante de um obstáculo: seja qual for o caso, as novas opções tornam a vida mais feliz.

Helen Keller, Abe Lincoln, Albert Einstein e J. R.

Os heróis que mais amamos são os que triunfam sobre as limitações: Helen Keller, que era deficiente visual; Abe Lincoln, que foi um menino pobre; Albert Einstein, que superou as limitações intelectuais e teóricas da virada do século. E também J. R.

É pouco provável que J. R. se transforme num ícone cultural, mas ele precisou enfrentar as limitações de uma adolescência num bairro de classe média. Podem ter sido limitações mais corriqueiras do que as de Helen Keller, Abe Lincoln ou Albert Einstein, mas mesmo assim, para realizar seus sonhos, J. R. precisou superar limitações de idade, geografia, dinheiro e pressão social.

Sua mãe, Mary, diz que J. R. sempre foi diferente do irmão mais velho:

> *J. R. era uma criança séria e atenta e não era particularmente feliz. Mas, quando entrou no jardim da infância, não participávamos mais de suas decisões, como pais normais. Ele era tão independente que nós nos limitávamos a lhe dar conselhos. J. R. era curioso: essa é a melhor maneira de descrevê-lo. E quanto mais explorava sua natureza curiosa, mais feliz ficava.*

J. R. era um garoto de classe média que vivia em New Jersey. Aos 14 anos, começou a se sentir limitado pelo conformismo à sua volta. Agora, com 20 anos, ele relembra:

> *No colégio, só havia uma alternativa aceitável. Era preciso ser bonito, praticar esportes e usar certas marcas de roupas. Eu sabia que existia um mundo lá fora e que eu conhecia só uma partezinha dele. Queria fazer as coisas de outro jeito. Achei que para romper essa limitação a melhor forma seria passar algum tempo fora do país, numa cultura totalmente nova.*

Quando disse aos pais e professores que pretendia estudar fora do país, J. R. se viu diante de um muro de objeções e limitações. Os programas para bolsistas eram caros demais para seus pais. E, com 14 anos, ele era muito jovem para ficar longe de casa. Além disso, os programas só ofereciam bolsas para alunos dos últimos anos do segundo grau. Seus amigos caçoavam: "Você não consegue viver sem a gente!"

Mas ele persistiu e acabou sendo o único garoto de 15 anos a ser aceito num programa que lhe permitiu morar e estudar numa cidadezinha da Argentina – bem longe de New Jersey. Como J. R. enfrentou os obstáculos? Ele abriu opções em todas as frentes. Para conseguir dinheiro, deu aulas de *tai kwon do* na garagem de casa. Conseguiu que uma organização local o patrocinasse. E aprendeu espanhol por correspondência.

Na Argentina, J. R. continuou a superar limites. A vontade de conhecer as maravilhas do mundo o levaram a abrir novas trilhas que deixaram os diretores do programa espantados com sua criatividade, principalmente quando se tratava de viagens de fim de semana.

A excursão ao Canal de Beagle, no extremo sul da América do Sul, foi um exemplo. Em vez de pegar um barco para turistas, J. R. indagou aqui e ali até encontrar o dono de um barquinho que o levou a lugares que quase ninguém conhece. Esse guia, um fotógrafo *freelance* da *National Geographic*, deu a J. R. a oportunidade de ver a região pelos olhos de um artista. Com a câmera na mão, J. R. passou cinco horas tirando fotos maravilhosas do canal. O que ele aprendeu nesse dia sobre forma, cor, luz e composição lhe trouxe depois outras experiências em artes visuais – exemplo de um enredo que traz muitas oportunidades novas.

Numa outra ocasião, todos os estudantes estrangeiros iam de avião para uma conferência em Buenos Aires. Mas J. R. vendeu sua passagem aérea e pegou o ônibus, aventurando-se sozinho numa viagem de seiscentos quilômetros. Passou dois dias sem contato com os preocupados supervisores, conhecendo em primeira mão o campo e seus moradores.

Sua mãe resume como ninguém a atitude de J. R.:

> *J. R. nunca faz as coisas do jeito fácil. Eu ouvia as histórias da Argentina e pensava: "Meus Deus, espero que ele volte vivo". E ele voltou – mais vivo do que foi.*

Agora ele está fazendo duas faculdades: psicologia e biologia. Há pouco tempo, foi escolhido para participar de uma pesquisa na área de neurociência comportamental. Interessou-se por psicologia graças a seu pai argentino, professor de psicologia da Universidade Nacional. J. R. planeja voltar à Argentina para fazer pós-graduação em medicina alternativa.

J. R. é um ser humano raro. A curiosidade molda sua vida e o leva a explorar o que o mundo oferece. E essa curiosidade faz com que ele saiba reconhecer o que a vida tem de melhor.

Tudo o que é flexível e terno tende a crescer;
Tudo o que é rígido e obstruído vai murchar e morrer.
Lao Tzé

Capítulo 7

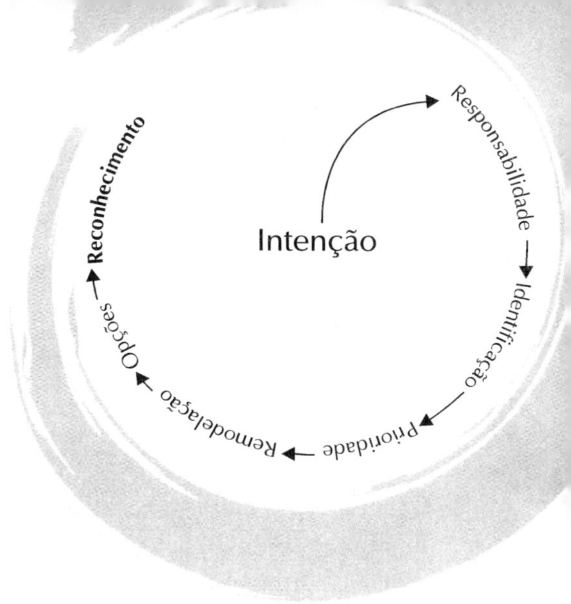

Reconhecimento

Não há um único dia em que eu não pense... Nem acredito que estou aqui. É maravilhoso!

Leslie Darin, historiadora

As raízes de tudo o que é bom crescem no solo do reconhecimento do que é bom.

O Dalai Lama

O reconhecimento corresponde a muitas coisas e assume muitas formas. É transformação. É consciência. É como mostramos às pessoas a nossa gratidão. É a maneira de abrir as comportas emocionais para que nossa felicidade flua para o mundo. E é a maneira de viver totalmente o momento.

Com o reconhecimento, movemos montanhas. Transformamos o que é comum em algo especial. Elevamos uma amizade a um grande relacionamento. Desarmamos um adversário nos negócios. Tornamos as crises mais toleráveis. Equilibramos a tristeza com beleza. Como? Reconhecendo o que há de bom em qualquer situação.

As pessoas felizes têm uma visão penetrante, uma capacidade de enxergar a vida em toda a sua diversidade. Têm consciência do contraste – bom e ruim, bonito e feio, baixo e alto, rápido e lento. Notam a beleza de uma flor e vêem, como contraponto, a feiúra da pobreza. Têm consciência da forma – dura, macia, angulosa, plana –, da sinfonia do cotidiano, com seus sons melodiosos contrastando com o barulho áspero da britadeira. E têm uma visão panorâmica dos valores – certo e errado, fraco e forte, bom e mau. Aceitam totalmente as pessoas que amam – com sua força e com seus defeitos, por mais que estes incomodem.

Essa profundidade de alma dá a essas pessoas uma visão especial do que há à sua volta. Elas percebem o que está acontecendo e ao mesmo tempo têm disposição para mergulhar totalmente na vida. Têm o cuidado de perceber, de realmente ver o que está diante delas – respirando profundamente, experimentando, saboreando tudo.

Esse tipo de reconhecimento é viver no momento. Nada é desprezado. A vida é uma dádiva e as pessoas felizes procuram o que há de bom em cada momento. Quando encontram, as preocupações do passado e as ansiedades com relação ao futuro se desvanecem diante da experiência em Technicolor do presente.

A lógica que sustenta tudo isso é muito clara. Não importa o que aconteceu há uma hora, há uma semana ou o que vai acontecer daqui a uma hora ou daqui a uma semana: *só* é possível sentir a felicidade agora, neste momento – esse é um fato físico. Ela não pode ser vivida de nenhuma outra forma. Podemos antecipar o futuro e lembrar do passado, mas é só no momento presente que sentimos.

A felicidade surge quando vinculamos o que está acontecendo no presente ao sentimento imediato. Quando somos inundados pela nostalgia do passado ou pela ansiedade diante do futuro, a experiência do que está acontecendo no momento fica amortecida: não é isso a felicidade.

A felicidade está em viver o momento: essa noção é sustentada por nossa herança ética, religiosa e filosófica.

Este é o dia que o Senhor fez,
Exultemos e alegremo-nos com ele.
Salmos

O segredo da saúde da mente e do corpo não é lamentar o passado nem se preocupar com o futuro, nem antecipar os problemas, mas viver o momento presente com sabedoria e determinação.
Buda

Não se preocupe com o problema de amanhã, pois você não sabe o que o dia vai trazer. O amanhã pode chegar e você não estar mais aqui, e assim terá se preocupado com um mundo que não é mais seu.
Talmud da Babilônia, Tratado Yevamot

Vamos encarar os fatos: apesar de milhares de anos de filosofia, viver o momento é dessas coisas que é muito mais fácil falar do que fazer. Nossa vida corrida está envolta num turbilhão de acontecimentos que passam e outros que vão surgindo. É difícil agarrar o efêmero "agora" – aquele milésimo de segundo entre o antes e o depois. Então, como desenvolver a consciência do momento e a capacidade de reconhecer o que ele tem de bom?

Pense no caso de William. Ele pode não ter segurado firme seus ingressos para o teatro (Capítulo 6), mas certamente sabe se agarrar ao presente.

As Boas Cenas e as Ruins

Para William, o reconhecimento é uma maneira de transformar todos os aspectos da vida numa rica experiência pessoal, mesmo que precise ver a comédia numa tragédia e o patos numa comédia. O cinema é sua metáfora.

> *Comparo minha vida a um filme com milhares de vinhetas – pequenas cenas que se juntam para formar uma história dramática e cheia de intrigas. E tenho o maior orgulho de ser a estrela.*
>
> *Considero cada episódio da minha vida como uma cena – pode ser boa ou ruim, mas é a minha experiência. Reconheço o que cada cena tem de bom. Seja comédia, drama ou tragédia, eu a valorizo porque é parte de minha história.*

Além de ser a estrela do seu filme, William é também a platéia. Para aproveitar totalmente a vida, ele se envolve em cada cena, vivendo-a exatamente como é, não como deseja que seja. Como a ávida platéia de Hamlet, William não resiste à tragédia: aceita-a como mais uma experiência da vida. Quando a vida fica cômica, William ri, como o resto da platéia, do que está acontecendo naquele momento.

A idéia de que a vida é como o roteiro de um filme tem sido útil para William. Pouco antes da entrevista, ele e seus colegas tinham feito uma apresentação que vinham preparando há semanas. Mas o cliente não gostou. Foi um golpe para a equipe inteira.

Fui à reunião sabendo que a apresentação não seria recebida com entusiasmo. Mas, em vez de achar que nossas exaustivas reuniões tinham sido uma perda de tempo ou de me preocupar com a reação do patrão, eu me concentrei no "agora".

Passando os olhos pela sala, vi meus colegas tentando reverter a situação. Fiquei grato pelo profissionalismo e tenacidade de todos eles. Vi também a qualidade do material que tínhamos preparado para a apresentação e senti orgulho do trabalho da equipe. Reconheci até que a situação tinha seu lado engraçado: os clientes reagiam com indiferença total à energia frenética que estávamos investindo.

Como William tinha previsto, a história não teve um final muito feliz. A equipe perdeu o negócio e o patrão ficou furioso. Mas, como não rotulou a situação de "terrível acontecimento", William conseguiu vê-la de uma perspectiva mais ampla. Ele repetiria a situação de propósito? Não. Será que o reconhecimento lhe permitiu ver além do desastre? Sim. Foi uma situação com terríveis altos e baixos – uma montanha-russa cheia de variedade, intensidade e riqueza.

Quando lutamos contra a totalidade da vida, nós nos arriscamos a perdê-la. William reconhece que nenhuma experiência é inteiramente ruim nem inteiramente boa. Não há acontecimento que não tenha algo de bom. Nenhum sentimento vai para o lixo. E há boas notícias: ao contrário de quase tudo na vida, o reconhecimento não tem seu lado ruim. Ele nunca se volta contra nós.

Melhor tomar o momento presente
como o presente do momento.
Stephen Sondheim, na canção "Any Moment"

O Congestionamento

Num seminário na Califórnia, Josh estava em dúvida com relação à própria noção de reconhecimento – especialmente no que se refere à idéia de que todo momento tem seu aspecto bom. Ele nos lançou um desafio: "Qual é o lado bom de um congestionamento?" Nós respondemos com outro desafio e uma lição de casa: da próxima vez que ficar preso no trânsito, considere todas as possibilidades. Depois conversamos.

Josh, que é químico, fez um relato em forma de análise científica.

Passei anos xingando o trânsito miserável de todas as manhãs. Mas vi que foi uma total perda de tempo. Descobri uma resposta para a questão que vocês me propuseram. Agora, em vez de vinte minutos dirigindo no inferno, passo vinte minutos pensando em tudo o que há de maravilhoso na minha vida: estou apaixonado pela mulher dos meus sonhos, melhorei meu relacionamento familiar, estou cuidando muito melhor do meu corpo, fazendo yoga duas vezes por semana, e vivo perto de trilhas maravilhosas para caminhada.

Fiz uns cálculos. Somando o tempo que vou passar no trânsito nos próximos quinze anos, descobri que poderia passar mais de duas mil e seiscentas horas zangado com o mundo – ou gostando dele. Fiz minha escolha.

Quando Josh se via apenas como um homem preso no trânsito, não havia muito do que gostar. Mas como o mesmo homem preso no trânsito tem também bons relacionamentos, uma boa vida profissional e amor pela natureza, há muito pelo que sentir gratidão.

Josh ampliou a consciência do próprio eu. A caminho do trabalho, ele pensa na vida maravilhosa do homem expansivo, engajado e inteligente que dirige seu carro — ele mesmo.

Estar vivo, enxergar, andar... é tudo um milagre.
Adaptei a técnica de viver a vida de milagre em milagre.
Artur Rubinstein

Tristeza na Noite

Durante o dia, ele é positivo, proativo e satisfeito. Nas horas de vigília, é uma pessoa feliz.

Mas, quando a noite cai, o estado de espírito de Alan também cai. Ele acorda no meio da noite, deprimido e triste. Isso faz parte de um padrão familiar diagnosticado como uma forma de depressão fisiológica. Segundo ele, é uma sensação de "zumbido melancólico" no cérebro.

Há ocasiões em que essa depressão branda se amplifica, transformando-se num intenso sentimento de confusão e desorientação. Quando acorda, esses sentimentos se fundem numa espécie de temor por todas as questões não-resolvidas de sua vida. É então que ele é visitado por todos os fantasmas do passado e do futuro. Será que vai ter dinheiro para mandar os filhos para a faculdade? Será que a contagem de colesterol vai estar mais baixa no próximo exame? Poderia ter passado mais tempo com seus pais idosos?

Até recentemente, a insônia não lhe dava tréguas. O médico lhe receitou pílulas para dormir, mas elas o deixavam dopado.

Uma noite fiquei zangado comigo mesmo por não ser capaz de controlar esse turbilhão de problemas. "Você não se sente assim durante o dia. Por que tem que se sentir assim à noite?"

Por pura frustração, eu me forcei a entrar no "modo diurno" e agradeci por todas as coisas boas – meus filhos, a luz da manhã, o cheiro e o calor da xícara de café. Assim, acalmei aquela torrente compulsiva do meu cérebro.

Agora aperfeiçoei a técnica. É difícil, mas penso em tudo o que há para gostar no momento. O aconchego da cama... o frescor do travesseiro sob minha cabeça... a brisa da noite.

Alan começa a sentir uma diferença sensível no corpo — como se tudo estivesse se "reajustando". Sua cabeça clareia, a depressão diminui, o corpo relaxa e ele volta a dormir.

Mas quando essa técnica falha, é como se uma luz vermelha começasse a piscar, me alertando para tomar uma atitude de manhã... A ironia é que o simples fato de separar os problemas reais dos imaginados me faz relaxar e dormir.

Não há dúvidas: certos comportamentos fazem com que o corpo se sinta melhor. É um ciclo. Para Alan, esse ciclo começa com a opção consciente de reconhecer o que o momento tem de bom e de ruim. Assim, ele modifica o humor, o que se traduz numa sensação corporal. Quando relaxa, as modificações bioquímicas permitem que ele durma. No dia seguinte, como se sente descansado, seu humor melhora. Isso o leva de volta a uma opção — o reconhecimento —, completando assim o ciclo.

Alan só é diferente da maioria porque tem consciência de que opta pelo reconhecimento. No entanto, a mudança bioquímica positiva e súbita que ele sente, todos nós sentimos. Pense na felicidade do corpo, da mente e do espírito quando alguém inesperadamente reconhece algo bom que há em nós. Ficamos fisicamente revigorados e emocionalmente bem. Como já dissemos, as emoções e a fisiologia são dois lados da mesma moeda, tão integradas que devem ser vistas como uma coisa só.

O ontem são cinzas; o amanhã, madeira.
Só hoje o fogo brilha.
Velho ditado esquimó

Viver o Momento

Lembre de três situações em que se sentiu realmente vivo. Anote-as. Essas experiências diferem de pessoa para pessoa. Uma pessoa pode se lembrar de uma ocasião em que estava esquiando. Outra de estar mergulhada no ritmo agitado de uma cidade. Uma terceira de estar em silêncio em meio à natureza. E outra de estar em profunda conexão com alguém.

Por que você se sentiu tão vivo? A experiência o envolveu de repente? Você ficou completamente concentrado no acontecimento, sem pensar nos problemas do passado ou na apresentação que teria de fazer no dia seguinte? Se foi assim, você estava "no momento".

Reconhecimento pelos Outros

Para transformar uma atividade corriqueira num acontecimento memorável, faça esta experiência quando for almoçar com os colegas. Durante a refeição, erga os olhos devagar, afaste a cadeira da mesa e diga: "Quero que vocês saibam o quanto eu os aprecio como amigos. Com vocês, o trabalho (ou a vida) é muito mais divertido. Sei que posso contar com vocês e isso é muito bom. O apoio de vocês significa muito e quero agradecer por isso". Observe a expressão de seus amigos. É provável que se abram em sorrisos. Você criou um momento especial.

Maddie é conhecida pelos momentos especiais que costuma criar. Você a conheceu no Capítulo 1: a criança negligenciada que cresceu em Hollywood. Para compreender a profundidade do seu reconhecimento, você precisa saber como Maddie é agora. Ela é generosa, inteligente e capaz de um profundo reconhecimento. É um ser humano adorável e uma conhecida apresentadora de rádio. O público a adora por causa das campanhas beneficentes que organiza por meio de seu programa. O reconhecimento que ela demonstra toca as pessoas. Como as atitudes de Maddie são famosas, nós as usamos para exemplificar como as pessoas felizes demonstram reconhecimento pelos outros.

Entrar na sala de Maddie, na redação da estação de rádio, é como entrar num furacão.

> *Quase não trabalhamos com "boas notícias". Só com tragédias, escândalos, desastres naturais. Como continuo feliz? Uso o reconhecimento como técnica de sobrevivência.*

Fiz boa parte da cobertura da explosão em Oklahoma. Todos os dias, várias vezes por dia, eu fazia pausas para enxergar as pequenas coisas maravilhosas que também estavam acontecendo – a coragem da comunidade, a bravura dos bombeiros, a competência da equipe médica. Reconhecendo o que havia de bom, consegui ficar equilibrada em meio ao clima de horror.

Para Maddie, o reconhecimento não é passivo e se dá em três fases. Em primeiro lugar, ela deliberadamente reconhece o que há de bom nas situações. Depois deixa que o sentimento a invada – ela sente de verdade. Em terceiro lugar, dá um passo a mais e fala desse sentimento.

É tão bom expressar esse sentimento. Mando flores para demonstrar o reconhecimento que sinto, ou interrompo o que estou fazendo, pego o telefone e digo: "Estava pensando em você e então telefonei". Acho que quando você reconhece a bondade que há nos outros, essa bondade fica mais forte.

Quando alguém me toca ou tem um forte impacto sobre mim, eu faço questão de tocar no assunto. Às vezes falo, às vezes escrevo. Tenho sempre um monte de blocos comigo. Durante o dia, pego uma folha e escrevo, por exemplo, um rápido muito abrigada – para garçons, para voluntários de uma obra beneficente, para o pessoal da correspondência – para qualquer um que dá um passo adiante, fazendo ou dizendo coisas que façam diferença para mim.

Maddie confirma o que aprendemos no trabalho de consultoria: no local de trabalho, o reconhecimento é uma das forças mais poderosas. Mas, com tanta ênfase na produtividade, não encontramos uma única corporação que faça do reconhecimento uma prática comum.

Nós o inserimos em nossa prática. Nos treinamentos em grandes empresas, geralmente reservamos trinta segundos para que colegas demonstrem seu reconhecimento um pelo outro. Acreditem ou não, esse exercício arranca lágrimas das pessoas. Até os executivos mais durões amolecem. Por quê? Porque estão acostumados a um ambiente feito de críticas, avaliações duras e críticas negativas. Mas todos querem se sentir valorizados por suas contribuições. Se trinta segundos de reconhecimento têm tanto efeito, imagine o poder do reconhecimento no cotidiano. Então, por que ele não é uma prática comum? Porque em geral achamos que não temos obrigação de mostrar reconhecimento pelos outros. Ou porque temos vergonha de expressar esse sentimento. Ou porque essa prática não é estimulada na cultura empresarial.

Na realidade, demonstrar reconhecimento pelos outros é uma prática muito importante. Algumas palavras de reconhecimento já criam relacionamentos mais fortes. Geralmente essas palavras se referem às pequenas coisas que nem sempre são notadas, como atenção aos detalhes, senso de humor ou criatividade num projeto. Por outro lado, a falta de reconhecimento é uma das principais razões para as pessoas deixarem o emprego.

E o reconhecimento pelas pessoas que amamos e que tanto significam para nós? O reconhecimento que Maddie pratica reforça o padrão que observamos nas entrevistas.

Mostrar reconhecimento pelas pessoas mais próximas é lhes desejar o bem. Sinto-me agradecida pelo que significam para mim e pelo que são. E não são apenas por seus aspectos bons. Eu me ponho no lugar delas para reconhecer suas lutas e medos. Eu agradeço porque procuram ser pessoas melhores e fazer o melhor possível. Agradeço por sua gentileza e por sua agressividade. Mesmo em momentos de conflito, eu reconheço que sentem raiva e frustração porque não são indiferentes.

Eu quero me sentir à vontade diante das diferenças que há entre nós e não ameaçada por elas. Reconhecer o que as pessoas são e apreciá-las por isso é a melhor forma de amor que conheço.

Disso tudo resulta a empatia. Nos piores momentos, diante de uma crise no relacionamento ou de um problema esmagador, o reconhecimento cria uma trégua. Graças a ele não perdemos de vista a parte boa do relacionamento e conseguimos minimizar o problema. Ele cria uma brecha, um ponto de cuidado e amor capaz de abrir uma porta para a intimidade e o crescimento. Quem sente que é reconhecido baixa a guarda e descobre pontos mútuos de acordo e aceitação. Há momentos em que não sentimos reconhecimento algum, mas é provavelmente nesses momentos que ele é mais necessário. É então que sentimos a textura do relacionamento em vez de ficar deslizando na superfície. Essa prática deveria ser mais regular: considere-a como um presente para a pessoa amada.

Na verdade, na nossa cultura, temos dias determinados para reconhecer a importância de certas coisas. O dia da Ação de Graças é o dia do reconhecimento. Mostramos reconhecimento oficial pelos veteranos de guerra, pela independência do país, pelas mães e pelos pais, para não mencionar as secretárias e os patrões. Muitos dos nossos feriados religiosos são uma espécie de reconhecimento — o dia do nascimento de Cristo, a Páscoa.

As pessoas felizes não esperam pelos feriados oficiais. Costumam criar os próprios rituais. Maddie tem uma tradição.

Eu me dou uma festa de aniversário e peço que meus amigos me tragam brinquedos que eu dôo para uma instituição. Assim, posso agradecer às pessoas pelas alegrias que me dão. Além disso, tenho uma oportunidade para mostrar reconhecimento por mim mesma – e tem dia melhor para isso?

Por trás da vontade de mostrar reconhecimento está a consciência do próprio valor, fundamental para o sentimento de felicidade.

Crescendo no ambiente em que cresci, eu tinha uma auto-estima muito baixa. Quando alguma coisa boa me acontece, ainda ouço na cabeça uma voz da infância: "Será que mereço? Não. Não sou uma pessoa boa". A culpa mostra sua cara e ameaça me sabotar. A solução é o reconhecimento. Quando alguma coisa boa acontece, eu demonstro gratidão. Não julgo, só mostro reconhecimento. Funciona sempre.

Você dá graças antes de comer. Tudo bem. Mas eu dou graças antes do concerto e da ópera, dou graças antes da peça e da pantomima, dou graças antes de abrir um livro, antes de desenhar, de pintar, de nadar, de praticar esgrima, de andar, de dançar e antes de molhar a caneta na tinta.

G. K. Chesterton

Desarmar o Adversário

Até a semana passada, para conseguir uma doação de um dólar dessa mulher eu precisava enfrentar suas expressões azedas e perguntas maldosas. Ela é como uma gárgula. Eu não agüentava ficar na mesma sala com ela. Então aconteceu uma coisa.

Jolene é diretora de uma associação sem fins lucrativos patrocinada por uma fundação. A diretora da fundação, a senhora Heath, é uma mulher belicosa que parecia gostar de dificultar a vida dos beneficiados. O simples fato de se reunir com ela deixava Jolene tensa e zangada. Mas Jolene participou de um de nossos seminários e, semanas depois, nos contou que essa situação tinha mudado.

No seminário, Jolene se colocou bem embaixo na escala do reconhecimento, que não lhe parecia importante na vida pessoal e ainda menos na vida profissional. Mas, durante o seminário, percebeu que o reconhecimento é um instrumento de mudança. Algum tempo depois, Jolene foi à reunião anual com a senhora Heath e com os diretores de quatro outras organizações.

Como já esperava, a senhora Heath estava em plena forma e não concordamos em nada. Mas eu tinha prometido a mim mesma que apreciaria o ponto de vista de todos.

Acostumada que estava a me opor à senhora Heath, precisei modificar totalmente minha atitude. Reconhecendo o que havia de positivo em tudo o que era dito, comecei a me acalmar. Presumi que todos tinham alguma coisa importante a dizer. Mesmo não concordando com a senhora Heath, reconheci que seu ponto de vista me podia ser útil. Era a primeira vez que eu me sentia controlada e receptiva numa reunião dessas.

Chegando em casa, Jolene decidiu ir um pouco mais adiante. Escreveu uma carta para cada uma das pessoas que tinham ido à reunião. Agradeceulhes pela atenção, pelas opiniões e lhes contou o que tinha aprendido na reunião.

Para Jolene, o processo de escrever essas cartas foi transformador. Ela sentiu-se realmente grata pela participação daquelas pessoas e aberta a vários pontos de vista – em vez de baixar o volume e pronto. Mas alguns dias depois, chegou um "presente" inesperado.

> *A senhora Heath telefonou agradecendo pela carta. Conseguimos, pela primeira vez, ter uma conversa produtiva, pois baixamos a guarda e falamos honestamente.*

E isso não foi tudo. Jolene recebeu telefonemas de todas as pessoas da reunião, o que fortaleceu as relações de trabalho. Mas a maior recompensa foi muito mais pessoal – a alegria que sentiu por ter lidado bem com a situação.

Deixe-me abraçá-la, amarga adversidade,
pois os sábios dizem que essa é a atitude mais sábia.
William Shakespeare, Henrique VI

Aprenda a Ter Reconhecimento

O reconhecimento pode se tornar tão essencial na sua vida quanto comer e dormir. É uma prática simples, mas que exige consciência pessoal elevada. Os três passos deste exercício vão lhe mostrar como descobrir quais as coisas e pessoas cujo valor você de fato reconhece: o que é realmente importante para você.

1. Marque cinco minutos no cronômetro e escreva rapidamente uma lista de tudo o que merece o seu reconhecimento. Vá bem fundo e escreva tudo que lhe passar pela cabeça. Evite se censurar. Não se preocupe com a possibilidade de parecer tolo. Essa lista vai ter itens simples e outros nem tanto – relacionamentos, experiências de vida e prazeres físicos. Quando o cronômetro parar, pare de escrever e dê vazão a qualquer emoção que surgir. Preste atenção a esses sentimentos. O que eles lhe dizem?
2. Releia a lista e faça uma anotação depois de cada item. A quem você precisa mostrar reconhecimento? Talvez queira agradecer a fonte superior pela vida que você leva ou as pessoas que mais

influenciaram sua vida. Não se esqueça de mostrar reconhecimento por si mesmo por ser quem você é.

3. Você consegue reconhecer as qualidades deste momento? Procure aprofundar sua consciência do presente.

A cada etapa deste exercício, você vai ter uma consciência mais profunda – uma metaconsciência – das coisas e pessoas cujas qualidades reconhece e de como expressar esse sentimento. Procure fazer o exercício a cada duas semanas. Veja o que acontece.

Amar a Mim Mesmo

Parece que as pessoas felizes sempre conhecem outras pessoas felizes. Ao localizar uma dessas pessoas geralmente descobríamos uma sucessão de outras, muitas vezes pelo continente afora. Foi assim que conhecemos Judith – uma grande cozinheira, uma anfitriã *par excellence* e uma ótima contadora de histórias.

Judith nos falou de uma lembrança muito antiga: criança, ela anda de mãos dadas com o pai, numa rua tranqüila de Louisville. Os dois sempre chegavam tarde em casa, porque no caminho ele parava para olhar um ninho de passarinho, o padrão de um tronco de árvore ou as nuvens do verão.

Ele sempre tinha tempo para ver que a vida é maravilhosa. Mas agora sei que ele devia estar vivendo um pesadelo. Minha mãe vivia internada em instituições mentais e ele era o único apoio emocional e financeiro dos quatro filhos. Reconhecer a beleza da vida deve ter sido uma de suas maneiras de sobreviver.

Quarenta anos depois, Judith estava com o pai na varanda de um hotel, contemplando o deserto de Las Vegas.

Ele sorriu e disse: "Judith, a vida não é absolutamente maravilhosa?" É essa a imagem que sempre vou levar no coração. Por pior que estivessem as coisas, ele nunca perdia a capacidade de adorar tudo o que acontecia. Foi meu maior professor.

Reconhecimento é muito mais do que notar as coisas bonitas e felizes. Pode parecer estranho, mas eu reconheço o valor da minha capacidade de sentir tristeza por minha mãe, internada com esquizofrenia desde que eu tinha 10 anos. Ao reconhecer esses sentimentos, reconheço a mim mesma pela profundidade das minhas emoções e por minha maturidade como mulher, pela força de viver uma vida bem-sucedida e pela capacidade de continuar amando uma mulher que não conseguiu ser minha mãe.

Ter reconhecimento por si mesmo é uma maneira de honrar a si mesmo. É se reconhecer como uma pessoa importante e de valor. Ao reconhecer a profundidade dos próprios sentimentos, Judith afirma sua capacidade, sua natureza ímpar como pessoa. É assim que cura as feridas deixadas por uma vida inteira de rejeição por parte de uma mãe instável.

Por que é tão difícil mostrar reconhecimento por si mesmo? Porque em algum momento aprendemos que o auto-reconhecimento é uma coisa egoísta. Alguém nos disse que é preciso ser "humilde", que é feio elogiar a si mesmo. Na realidade, ter reconhecimento por si mesmo não é egoísmo. É um eco silencioso que não nos deixa esquecer quem somos.

Se usarmos o reconhecimento como um meio de viver no momento, de transformar as dificuldades ou de ser mais afetuoso, ele passa a ser uma dádiva, algo que damos a nós mesmos e aos outros.

A Terra está abarrotada de céu.
Elizabeth Barrett Browning

Capítulo 8

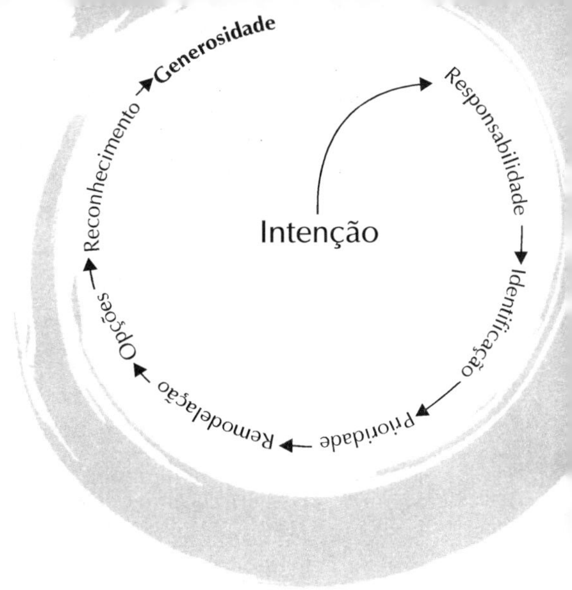

Generosidade

Quando dou algo de coração, sempre sou recompensado de formas maravilhosas, embora nunca espere por isso. Assim é a vida.

Reuben del Rio, camareiro de hotel

Deus ama a quem dá com alegria.

II Coríntios 9:7

A generosidade verdadeira, a generosidade radiante, tem a mesma origem interior da felicidade. É o desejo de compartilhar os próprios méritos e valores. É ter auto-estima para sentir que o que se tem a oferecer é valioso: conselhos, sabedoria, conhecimento, habilidades, esforço físico. A maneira de oferecer essas dádivas reflete quem somos.

Maimônides, um filósofo judeu de origem espanhola que viveu no século XII, fala de oito níveis espirituais da generosidade. Seu *Código* ("Leis a Respeito das Dádivas aos Pobres") oferece uma ampla descrição das maneiras de se dar e receber.

Para Maimônides, cuja filosofia reflete milhares de anos de pensamento judeu, a generosidade vem do coração e da alma e assume sua melhor forma quando é desvinculada de questões mundanas como a ganância, a culpa e o dever. Assim como as nove escolhas das pessoas felizes, a motivação da verdadeira generosidade tem sua fonte no eu interior e não na experiência dos outros.

O que Maimônides descreve no século XII continua valendo para os dias de hoje. A generosidade, como ele a descreve, tem um grande papel na vida das pessoas felizes. É pouco provável que as pessoas com quem conversamos tenham estudado Maimônides, mas todas elas transformaram em parte integrante da vida os níveis mais elevados por ele descritos.

O nível mais elevado de Maimônides é proporcionar a quem precisa uma maneira de ganhar a vida, permitindo assim que essa pessoa deixe de depender dos outros. Em termos modernos, isso significa ser generoso para que os outros vivam melhor, com mais independência e eficácia. Com respeito a isso, as pessoas felizes nos contaram que participam de programas que visam minimizar o desemprego nas classes mais pobres. Algumas são voluntárias em asilos, ajudando os internos a viver os dias que lhes restam com mais dignidade e independência. Outras são membros ativos da família e da comunidade, oferecendo generosamente orientação e conselhos.

O nível seguinte no esquema de Maimônides é a generosidade anônima. Nesse caso, a pessoa que dá e a que recebe não se conhecem. Assim, segundo ele, não há possibilidade de vergonha e embaraço por parte de quem recebe e de convencimento por parte de quem dá. É a idéia de ser generoso sem esperar recompensa.

De fato, as pessoas felizes não esperam retribuição. Elas são generosas porque isso é o que lhes dita o coração, e deixam que sua alegria interior transborde para o mundo. Não querem outro pagamento. Quanto mais generosas são mais felizes se sentem, e quanto mais felizes se sentem mais generosas são.

Mas há um incrível paradoxo. Além da gratificação emocional, a generosidade traz uma infinidade de recompensas palpáveis: a comunidade se fortalece, os relacionamentos se aprofundam. Mas, para as pessoas felizes, essa consideração é secundária – e certamente não é o que as move. A substância do que as motiva é a base das histórias deste capítulo.

Nossa sociedade estimula a generosidade. Ela é fartamente recompensada, das deduções no imposto de renda para quem faz certas doações até o reconhecimento e os prêmios pelo trabalho comunitário. Mas há um problema: esse sistema cria a expectativa de reconhecimento e gratidão. Assim, quando não há agradecimentos, nós nos sentimos desapontados e usados. Mesmo assim, alguns continuam a ser generosos, geralmente porque acham que têm essa obrigação.

Mas essa generosidade obrigatória viola a motivação fundamental das pessoas felizes com quem conversamos e é o oitavo e menos espiritual dos níveis de Maimônides, que ele chama de "generosidade mal-humorada".

A recompensa pela caridade depende inteiramente
da extensão da bondade que há nela.
Talmud da Babilônia, tratado Sukkah

Pequenas Dádivas

Há uma forma simpática de generosidade que se manifesta em pequenos atos de bondade. É uma generosidade de espírito que se dá num nível tão pessoal e tão modesto que passa despercebida neste mundo apressado. Mas ela acontece à nossa volta, melhorando silenciosamente o tecido da vida.

Encontramos esses cativantes atos de generosidade entre pessoas felizes de todos os níveis econômicos. Ricas ou pobres, elas expressam a generosidade de uma maneira que poucas vezes tem relação com riqueza pessoal ou bens materiais.

Reuben, um porto-riquenho de 27 anos, não tem muito dinheiro. Com o salário de camareiro de hotel, ele ajuda a sustentar a família numerosa, que vive no Bronx.

Quero fazer do mundo um lugar melhor. Vejo pessoas infelizes o tempo inteiro – estão sempre com a cabeça baixa e a testa franzida. Talvez sejam egoístas – ou até más – mas não me importa quem são. Não cabe a mim julgá-las. Olho nos olhos delas e sorrio. Converso com elas. Onde quer que vá – na rua, no ônibus – eu compartilho com elas minha alegria. Vejo que lhes dei a dádiva de uma gentileza. Mesmo que seja só por um minuto, sei que é algo que lhes faz bem. Talvez eu tenha ajudado a modificar um pouquinho a vida delas.

Reuben nos falou da amizade incomum que ele tem com um homem de 85 anos, que vive sozinho. George não tem família nem amigos e vive da aposentadoria, no prédio pegado ao hotel de Reuben. A estranha amizade começou há seis anos na calçada em frente ao hotel. Eles se encontravam na rua e tinham longas conversas. Mas George foi perdendo a mobilidade e já não consegue mais sair de casa. Assim, Reuben começou a visitá-lo depois do horário de trabalho.

George foi arquiteto e sabe muita coisa. Eu gosto de vê-lo todos os dias. É engraçado, mas ele me anima. Quando eu lhe compro coisas de comer, ele tenta me dar dinheiro, mas eu nunca pego. Não se trata disso. Sinto que sou eu que tenho sorte, porque aprendo muito com ele. Eu conto com ele e ele conta comigo. Eu gosto dele.

São essas as pequenas dádivas com que presenteamos uns aos outros. Trata-se, na verdade, do tipo de amor e bondade que nos une no nível mais pessoal. Elas são a argamassa do nosso mundo.

Se puder impedir que um coração se parta,
Não terei vivido em vão;
Se puder diminuir o sofrimento de uma vida,
Ou aliviar uma dor,
Ou levar um passarinho caído
De volta ao ninho,
Não terei vivido em vão.
Emily Dickinson

O Jogo das Cadeiras

Um dos exercícios que mais usamos nos seminários da felicidade é chamado "Jogo das Cadeiras". Andando em volta de duas fileiras de cadeiras voltadas umas para as outras, todos têm a oportunidade de conversar individualmente com cada membro do grupo. As instruções são simples: "Dê alguma coisa a cada pessoa desta sala".

Geralmente há resistência: "Mas não trouxe nada para dar de presente". "Não conheço bem essas pessoas." "Mas o que posso lhes dar?" Nós dizemos que é preciso usar a criatividade. "Vocês têm um presente para cada uma destas pessoas." O exercício começa com relutância e ceticismo.

Quando o exercício termina, a sala está vibrando de tantas risadas e tanto entusiasmo. No final de um dia cansativo, esse exercício traz energia e animação. O que o grupo tinha para dar aos outros? Tinha de tudo! Reconhecimento. Um conselho profissional. Um convite para o almoço. Apoio num problema emocional já comentado.

A reação dos participantes é de entusiasmo e espanto. "É tão fácil. Foi muito bom ouvir o que ouvi, mas foi melhor ainda perceber que tenho muita coisa para dividir com os outros."

Saiba Mais Sobre a Generosidade

Vamos deixar que Maimônides, o especialista do século XII, seja o nosso guia nesta incursão pela generosidade. Vamos considerar o tipo de generosidade que, para ele, é o auge da bem-aventurança.

Antes de começar, é importante saber que quanto mais baixo o nível de generosidade, mais enredado ele está nas fraquezas do ego humano – ganância, inveja, sentimento de obrigação e chantagem – e menos importância tem como fonte de felicidade. Mas quem fica no nível mais elevado reproduz a experiência das pessoas felizes.

Faça anotações durante este exercício.

O Nível Mais Elevado da Generosidade: ser generoso para que a outra pessoa consiga viver sem depender dos outros.

O que você pode fazer para que outros se tornem mais capazes de viver por si mesmos?

Como dar a alguém a "linha para pescar"?

Você pode ajudar alguém a viver com mais independência?

Se você já age assim, o que sente?

Se acha que é possível agir assim, como imagina que se sentiria?

Não há respostas fáceis quando se trata de generosidade. O tempo todo somos pressionados a ser generosos. Mas é possível aumentar nossa felicidade se formos generosos de maneira irrestrita e honesta.

De Mangas Arregaçadas

Stone, um consultor de 47 anos, nos concedeu bastante tempo nas três entrevistas que fizemos e nos enviou vários artigos sobre a felicidade além de nos indicar outras pessoas felizes.

> *Há sempre tantas oportunidades de ser generoso, é só prestar atenção. Geralmente não é de dinheiro que as pessoas precisam. Precisam de coisas que não dá para ver – conselhos, recursos, elogios, opiniões. Coisas que posso lhes dar com facilidade e que me dão a sensação de ser útil para o mundo.*

Stone integra o coral das pessoas felizes, que têm um só refrão: generosidade não é só fazer uma doação na época de Natal, mas envolver-se fisicamente, arregaçar as mangas e pôr a mão na massa.

> *Adoro a sensação de fazer alguma coisa para ajudar a comunidade. Faço isso o tempo inteiro.*
>
> *Na semana passada, telefonei para um grupo de voluntários que me puseram em contato com uma moça que chefia uma organização para mães dependentes de crack. Só a oportunidade de trabalhar com ela e de sentir sua energia já foi maravilhoso.*
>
> *Saí, comprei dois berços com colchão e os levei para a clínica. A cada passo do caminho eu me sentia ligado às outras pessoas – a gerente da loja me deu um desconto, outros voluntários ajudaram a montar os berços. Um fantástico sentimento de aconchego nasceu entre nós. A generosidade é contagiante.*
>
> *As recompensas não param: eu é que às vezes não consigo vê-las. Para mim não há alegria maior do que ver florescer pessoas que influenciei. Olho o bebê no berço com meu cobertorzinho cor-de-rosa. Vejo o sorriso da mãe, o brilho em seus olhos. Ganho um abraço de agradecimento. Mesmo que seja por um momento, nasce confiança e intimidade entre nós. Quando sinto que alguém pôde contar comigo meu coração se aquece e fico leve como uma pluma. A generosidade é um jogo em que todos ganham.*

Uma das mais belas compensações desta vida é que ninguém ajuda honestamente o outro sem que se ajude também.

Ralph Waldo Emerson

Dar alguma coisa aos outros é maravilhoso. Mas às vezes fazemos isso de um jeito que nos diminui. Por quê? A resposta é simples: por culpa. Acreditando que pouco fizemos, exageramos na generosidade para aliviar a culpa e acabamos nos machucando. Como temos "demais", a culpa nos leva a dar o que temos. Esse comportamento tem muitos nomes – autonegação, abnegação, martírio – mas cai tudo numa só categoria: sacrifício. Essa é uma questão que Annie precisou enfrentar.

As Sobras

Conhecemos Annie por meio de um funcionário da escola, que a considerava "a professora mais feliz da cidade". De fato: depois de algumas pesquisas, constatamos que sua generosidade e alegria eram conhecidas na escola e até no bairro. Uma professora de inglês de 60 anos, Annie se considera a pessoa mais feliz do mundo. Mas nem sempre foi assim.

> *A felicidade é uma coisa que aprendi já adulta. As mulheres da minha faixa etária foram educadas para se sacrificar. Aprendem a anular seus desejos em favor dos outros. É difícil acreditar, mas quando eu era garota o sacrifício era chamado de generosidade. Além disso, aprendi que devia sempre garantir o crédito por essa "generosidade".*
>
> *Há uma história que nunca esqueci. Logo que me casei, eu dava jantares e mais jantares para os parentes e amigos. E, no final da noite, embrulhava as sobras para meus convidados levarem para casa. Mas, no fundo, eu queria guardar toda aquela comida.*
>
> *No entanto, eu dava tudo para ganhar pontos. Queria ser considerada uma pessoa generosa. Tinha aprendido a dizer: "Não foi nada", quando isso não era verdade.*
>
> *Agora sei que estava jogando um jogo muito desagradável. Em geral, nessas noites eu me sentia usada – estava sendo "generosa", mas me ressentia disso.*
>
> *Hoje eu guardo as sobras. E, quando me cumprimentam pela comida que fiz, digo apenas: "Obrigada, adoro cozinhar". E é verdade. Não preciso mais ganhar crédito porque eu mesma me dou o crédito. Sou meu próprio juiz.*

Hoje Annie dá muito mais do que sobras de comida embrulhadas em papel-alumínio. Em sua comunidade, ela é considerada um guru. Ao longo de tantos anos ensinando inglês e literatura inglesa, ela desenvolveu técnicas pedagógicas que agora ensina aos professores mais novos de todo o Estado da Califórnia.

> *Adoro dividir o que gosto. Para mim, essa é a forma mais elevada de generosidade. Digo a eles: "O que estão ensinando e do que precisam? Meus arquivos estão abertos: é isto que consegui. Levem o que precisarem". E vamos tirar fotocópias. Por que não passar aos professores e às crianças o benefício da minha experiência? Certamente isso não tira pedaço.*
>
> *Os professores saem da minha sala com caixas do material que desenvolvi nestes últimos 25 anos. É muito bom poder contribuir tão substancialmente para o crescimento de alguém.*

Como dissemos antes, superar o condicionamento da infância é um passo importante na direção da felicidade. A generosidade é um comportamento complexo que se torna ainda mais complexo por causa das mensagens culturais sobre como, onde, quando e por que ser generoso. Mas a generosidade em sua forma mais pura – o pai que compartilha alguma coisa com o filho – é direta, autêntica, decisiva e é capaz de mudar completamente o curso de uma vida.

Gentileza ao falar gera confiança. Gentileza ao pensar gera profundidade.
Gentileza ao dar gera amor.
Lao Tzu

Um Presente do Meu Pai

Em seu leito de morte, o pai de Hiroshi Tanaka fez um pedido aos quatro filhos. "*Prometam que vão buscar o conhecimento. Ele vai abrir seu mundo e lhes mostrar o caminho para a liberdade e para a felicidade*". Muitos anos depois, Hiroshi compreendeu que seu pai tinha lhe dado um presente para a vida inteira.

Quando o marido morreu, a mãe de Hiroshi, sem recursos, foi forçada a se separar dos filhos. Isso aconteceu em 1931, em plena Depressão, quando aumentava o ressentimento contra os nipo-americanos. Hiroshi, então com 8 anos, foi adotado por uma família no Arkansas. Seus três irmãos foram mandados de volta ao Japão, para viverem com parentes em sua cidade natal: Hiroshima.

Deslocado e só, Hiroshi nunca esqueceu da promessa que tinha feito ao pai e continuou a ter uma "fome insaciável de conhecimento".

> *Uma das minhas primeiras lembranças é a crescente segurança que eu sentia à medida que progredia na escola. Apesar de estar num mundo estranho, nada me assustava. Eu me sentia próximo do meu pai e essa segurança me transmitia poder e confiança. Eu sentia que podia ter o mundo nas mãos.*

Hiroshi concluiu o colégio em 1941, época em que os japoneses eram alvo de intensa discriminação. Sem condições de pagar uma faculdade, ele se alistou como voluntário no exército norte-americano, sendo enviado para a Universidade de Oklahoma – uma das poucas instituições que aceitavam japoneses. Apesar do forte preconceito racial que enfrentou na escola e no exército, fez um curso superior na área de negócios. Formou-se depois da guerra, começou a trabalhar para uma agência do governo e a guardar um pouco de dinheiro. Foi nessa época que se reuniu com os irmãos – todos tinham sobrevivido à guerra.

Em 1954, Hiroshi decidiu usar seus conhecimentos e abriu uma limpadora de carpetes. Para entrar no mercado, ele publicou um anúncio: *Limpo todos os carpetes de sua casa por U$ 1*. A técnica deu certo. Recebeu uma enxurrada de telefonemas. O negócio cresceu rapidamente e depois de alguns anos ele já tinha trinta empregados, todos eles estudantes universitários trabalhando em meio-período.

Cheguei no auge do sucesso com pouca idade. Não foi por acaso, mas um resultado direto dos cursos que eu fiz. A dádiva do meu pai – um pedido de vinte anos antes – valeu a pena. Era hora de passá-la a outras pessoas.

Hiroshi se transformou em mentor de seus empregados: era para eles uma figura paterna. Educação era a sua paixão e a dádiva que lhes oferecia. Apesar da carga de trabalho e das pressões econômicas, ele dava folga para os empregados na época de exames, ensinava a eles o que podia e lhes emprestava dinheiro para pagarem os estudos.

Seu rosto se ilumina de orgulho quando ele fala das realizações de seus pupilos. Entre eles há políticos, doutores, artistas, homens de negócios. Um deles se tornou embaixador. Muitos permaneceram em contato com ele ao longo dos anos e até hoje são seus amigos.

Procurei encaminhar cada empregado e me dediquei a cada um deles: fiz com que continuassem na escola, ensinei como tocar um negócio, como tratar os clientes e as técnicas que aprendi com a experiência. Tinha muito amor para compartilhar. Procurei lhes dar o conhecimento e os instrumentos para que pudessem ser o que quisessem.

Hiroshi, agora com 74 anos, nos contou a história de Donald, que era um jovem sem rumo na vida quando começou a trabalhar com ele.

Eu gostava muito de Donald e sentia que ele tinha muito potencial. Quando deixou de trabalhar para mim, eu continuei sendo seu amigo e o ajudei a entrar na escola militar. Vários anos depois, ele me disse: "Hiroshi, quero que você saiba que vou ser seu concorrente. Decidi abrir uma limpadora de carpetes aqui perto".

Em vez de desestimular a competição, Hiroshi disse a Donald que o ajudaria. Com sua extraordinária disposição para ensinar, mostrou a Donald todos os truques do negócio. Com a bênção de Hiroshi, Donald realmente passou a ser um grande concorrente: sua empresa é uma das maiores e mais bem-sucedidas cadeias de limpadoras de carpetes dos Estados Unidos.

Essa é a conquista de que mais me orgulho – minha dádiva ajudou outra pessoa a encontrar a realização. Passei adiante o presente do meu pai: a educação. Essa é minha maior alegria.

Vida gera vida. Energia cria energia.
É gastando a si mesmo que se fica rico.
Sarah Bernhardt

O Comércio da Generosidade

A história de Hiroshi é um exemplo do que chamamos de "comércio da generosidade". Imagine o fluxo constante, o dar e receber, que acontece num "mercado da generosidade". Nele, as pessoas generosas oferecem seus "bens" – tudo o que querem compartilhar com os outros. Entre esses bens há conhecimento, apoio emocional, coisas, dinheiro e tempo. Vêm ao mercado pessoas que procuram esses bens. Elas ficam à vontade para pegar o que desejam e dar algo em troca. É um ciclo. Todos participam desse fenômeno comunitário e o mercado cresce.

Hiroshi é um típico participante desse mercado. Recebeu do pai a "dádiva" de um conselho muito valioso e a compartilhou com muitas pessoas. Essas pessoas, por sua vez, deram a Hiroshi a felicidade e passaram para outras pessoas sua dádiva, num mercado sempre em movimento.

Mas o que acontece quando interrompemos o ciclo?

A História de Kathryn — Parte Três

(continuação do Capítulo 2)

Minha vida tinha tomado outro rumo. Há anos não me sentia tão feliz. A bulimia fazia parte do passado. Eu tinha um maravilhoso grupo de instrutores de dança trabalhando para mim. Meu espaço estava se tornando um ponto muito procurado para bailes e festas. Os outros estúdios da cidade me davam muito apoio. E, o que era o mais importante, eu estava dançando.

Então eu mudei para o meu próprio salão – um armazém reformado de 3.000 metros quadrados! Era o momento mais emocionante da minha vida. E, nos primeiros anos depois da mudança, meu negócio parecia abençoado. Meus únicos problemas eram os do dia-a-dia de uma pequena empresa: dificuldades corriqueiras na contabilidade e na organização da folha de pagamento.

Nessa época eu estava treinando um grupo de instrutores de dança extremamente talentosos e investindo neles toda a minha energia. Alguns já tinham seus próprios seguidores entre os alunos.

Foi então que comecei a ouvir comentários. Alguns instrutores estavam planejando em silêncio abrir os próprios estúdios.

Eu me senti traída. Meu estado de espírito despencou. Como podiam fazer isso comigo? Eu lhes tinha dado de tudo e agora se voltavam contra mim. Num ramo de atividade implacável, achei que esses renegados estavam ameaçando tudo o que eu conseguira com tanto esforço.

Fiquei em pânico. Como retaliação, interrompi o treinamento e usei todas as táticas que conhecia para impedir que abrissem seu próprio negócio. Comecei a dividir e a conquistar e tentava dissuadir um a um da idéia de trabalhar por conta própria. Fiz o possível para afastá-los de suas aspirações. Minha felicidade estava se esfarelando e eu sabia por quê.

Recomecei a culpar os outros. Dizia a mim mesma que os instrutores estavam me fazendo infeliz. Mas é óbvio que não era culpa deles: eu estava fazendo aquilo comigo mesma.

Eu tinha perdido a compostura. Não dava mais nada a ninguém. Minha vida estava voltada para os comportamentos negativos. Existia só dinheiro, manipulação e controle. Eu me sentia miserável, tentando impedir que todas aquelas pessoas realizassem seu sonho só porque eu me sentia economicamente ameaçada. Tantas pessoas me apoiaram quando comecei. Nenhum dos meus professores tentou me impedir de abrir meu próprio negócio ou de realizar meu sonho. Eu não queria fazer isso com os outros.

Percebi que eu estava magoando pessoas queridas. E, o que era pior, estava me sentindo muito mal comigo mesma. Aprendi uma coisa: que, nos negócios, não se deve impedir a competição. O importante é melhorar ao máximo o próprio negócio.

Tive a presença de espírito de dar meia-volta. Pedi desculpas aos instrutores. Comecei a ensiná-los de novo e a apoiar seus planos. Alguns acabaram indo embora. Outros ficaram. Mas meu relacionamento permaneceu forte com todos eles.

Para sair dessa situação, eu mudei 180 graus. E descobri uma coisa a meu respeito: dançar é minha maior emoção, mas minha maior felicidade é formar instrutores de dança. Adoro ajudá-los para que se transformem em professores fabulosos. Quando um deles chega ao ponto de poder trabalhar por conta própria, é o máximo da realização.

(continua no Capítulo 10)

A generosidade se transforma num presente que as pessoas felizes dão a si mesmas. Do ponto de vista dos negócios, Kathryn e Hiroshi acreditam que ensinando os outros recebem de volta a boa vontade, várias vezes multiplicada. Hiroshi conseguiu um tremendo sucesso econômico apesar do preconceito racial, da desvantagem geográfica e econômica. E apesar de haver oito novos salões de dança na cidade, o negócio de Kathryn continua crescendo.

Mas há algo mais importante do que o sucesso nos negócios: Hiroshi e Kathryn demonstraram que as prioridades externas – competição, dinheiro e reconhecimento – empalidecem quando comparadas à escolha da felicidade.

O maior bem que você pode fazer para outra pessoa não é compartilhar com ela suas riquezas, mas revelar a ela suas próprias riquezas.
Benjamin Disraeli

Informação É Poder. Será?

As histórias de Hiroshi e Kathryn nos fizeram lembrar do nosso trabalho nas empresas. Costumamos trabalhar com pessoas que se agarram a uma crença muito difundida na indústria: quem retém informações tem o poder nas mãos.

Na nossa experiência, isso é conversa fiada. Os profissionais mais bem-sucedidos que conhecemos não negam informações. Compartilhando-as, conseguem o apoio e a confiança de muitas pessoas no local de trabalho. Essa atitude cria um comércio da generosidade dentro das paredes das empresas. As que têm o hábito de dividir informações têm níveis mais elevados de confiança — o que muito contribui para a satisfação e produtividade dos empregados.

Animado Mas Não Feliz

Durante as entrevistas, houve certas indicações um pouco equivocadas. Foi o caso de Rich.

Rich tinha passado dezoito meses se recuperando de uma rara doença neurológica que o deixou temporariamente paralisado. Ele nos foi indicado por um arquiteto, uma das centenas de pessoas que se ofereceram para ajudá-lo durante a longa recuperação.

A doença de Rich despertou a simpatia da comunidade e cartas de pessoas oferecendo ajuda inundaram o hospital. Por mais de um ano, pessoas generosas se revezaram em turnos de quatro horas para lhe dar banho, comida, remédios. Liam para ele e o viravam na cama. Ele, por sua vez, era conhecido pela determinação e pela atitude positiva, o que o transformou num candidato promissor para uma entrevista.

Como tinha dito o arquiteto, Rich é animado e cativante. Que impacto teve sobre ele a enxurrada de amor e apoio que recebeu? Será que ele participa do comércio da generosidade?

> *Gostei da ajuda que recebi. Mas superei essa fase. Neste momento da minha vida, quero esquecer esse episódio inteiro. A generosidade nunca significou muito para mim. Acho que seria difícil dizer não a qualquer uma das pessoas que me ajudaram no hospital. Mas não me vejo sendo generoso, com a exceção, talvez, das ocasiões em que eu e minha mulher recebemos convidados lá em casa.*

Vendo a atitude de Rich com relação às dezenas de pessoas que o ajudaram ao longo da doença, achamos que para ele a felicidade não é um sentimento profundo e duradouro.

Sempre fui um cara alegre e jovial – desde criança. Toda a minha família gosta de brincar. Mas será que sou feliz? Não sei. Acho que a vida é dura e que fazemos o melhor possível. Se felicidade significa dar tudo que tenho para os outros, então não, prefiro não ser feliz...

Rich tem uma regulagem biológica que o mantém animado em momentos difíceis. Mas a felicidade profunda e duradoura que vimos em outras pessoas lhe escapou.

A Balada de Billy Lee

A história de Billy Lee parece saída de uma letra de música *country*. Aos 65 anos, ele dirigia sua limusine de aluguel e tinha muito orgulho desse serviço. Uma noite, parou num posto da vizinhança para lavar as calotas. De pé, com um balde na mão, ele viu um rapaz lhe apontar uma arma. Numa reação reflexa, Billy jogou a água com sabão no rosto do outro e saiu correndo. Mas havia um cúmplice, que deu dois tiros nas costas de Billy.

Foi uma decisão idiota a minha. Só teriam levado meu relógio, a aliança e sete dólares em dinheiro.

Billy foi levado para o hospital e sua mulher e três filhas foram avisadas de que ele tinha poucas chances de sobreviver. Milagrosamente, Billy recuperou a consciência depois de oito dias em coma. A recuperação foi lenta, mas bem-sucedida.

Durante esse período, Billy se viu de repente num mundo desconhecido de raiva e mágoa. Parecia estar tudo errado. Ele lutou para assimilar o que tinha lhe acontecido.

Ainda se sentia assim quando o rapaz que tinha atirado nele foi julgado. Tinha 21 anos e foi condenado a trinta anos de prisão. Quando o veredicto foi anunciado, um clamor de alegria invadiu o tribunal. Mas Billy não queria vingança. Viu os pais do garoto, tomados pela dor. Inundado por um sentimento de compaixão, atravessou a sala para abraçá-los.

Nós três ficamos abraçados por muito tempo. Depois nos sentamos e falamos sobre os tiros – o que tinham feito a mim e a eles. Tínhamos em comum uma grande tristeza. A partir daquele momento, eles se tornaram parte da minha vida. Eu disse que podiam contar comigo. Era verdade. Nós nos vimos muitas vezes depois disso.

Nessa aproximação, perdeu a importância aquela pergunta terrível: "Por que isso aconteceu comigo?" Nós ajudamos uns aos outros. Foi assim que me curei.

Como vamos muito à cidade de Billy, nós o vemos com freqüência. Qualquer viagem em sua limusine é uma experiência deliciosa e passamos horas falando de felicidade. Quando pára no pedágio, Billy dá uma bala para o funcionário. E é assim em todo lugar que vai – distribui caixinhas de chiclete, sorrisos ou palavras gentis. São pequenas coisas, mas junto dele é possível sentir os efeitos da generosidade. Ele irradia luz e calor a todos os que encontra. Perder Billy seria uma grande tristeza para o mundo.

Se quer que os outros sejam felizes, pratique a compaixão. Se você quer ser feliz, pratique a compaixão.
O Dalai Lama

As centenas de histórias sobre generosidade que as pessoas felizes nos contaram têm uma característica em comum – a veracidade. Veracidade é o critério que legitima a generosidade. Para que venha do coração, a generosidade precisa ser uma expressão honesta de nós mesmos.

Capítulo 9

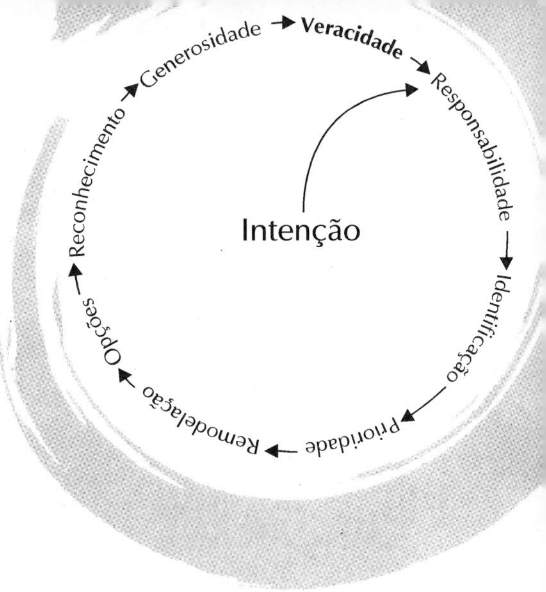

Veracidade

A verdade determina minha maneira de me relacionar com o resto do mundo. Sei o que é verdadeiro para mim. E isso basta.

Annie McAvoy, professora de inglês

Isto acima de tudo: para que teu eu seja verdadeiro,
E isso se segue, como a noite ao dia,
Não podes ser falso com homem nenhum.

William Shakespeare
Hamlet

O círculo de nove escolhas se completa com a "Veracidade". Essa escolha é uma afirmação profundamente pessoal que as pessoas felizes fazem *sobre* si mesmas, *para* si mesmas. É um tipo de verdade que fala à capacidade de confrontar as mitologias pessoais, de examinar honestamente o próprio comportamento e de fazer o que é certo, mesmo que haja pressão social em contrário. Essa honestidade fundamental consigo mesmo é também a fonte da veracidade com relação aos outros.

Ironicamente, a mais conhecida fábula norte-americana sobre honestidade é, ela mesma, uma deturpação. Por mais autêntica que seja, a história de George Washington e da cerejeira reduz a verdade a um simples decreto: "Não conte mentiras!"

Nossa tendência é falar a verdade para o mundo em geral. Sem essa prática social nosso mundo ruiria. Não ficamos tapeando os outros no supermercado ou no posto de gasolina. Não roubamos flores ou frutas das bancas da feira. Cumprimos nossos contratos e obrigações. Esse tipo de honestidade é parte de um pacto social a que aderimos para que nosso mundo não seja arruinado pelo roubo, pela fraude e pela corrupção.

Infelizmente, nos relacionamentos mais importantes, achamos que é melhor nos proteger sendo estratégicos, discretos e retraídos. E do que nos protegemos? Temos medo da rejeição, da retaliação e do embaraço se falarmos a verdade.

Mas não falar a verdade para nós mesmos e para os outros é a fonte dos nossos maiores problemas. Sem a verdade, não há intimidade nos relacionamentos mais importantes. Não nos sentimos autênticos no trabalho. Perdemos a ligação com nossos filhos. E, o que é mais importante, perdemos o contato com nosso verdadeiro eu. Afinal, será que quem não diz a verdade para si mesmo se conhece de fato?

Nem sempre é fácil falar a verdade para si mesmo, mas quando conseguimos nos sentimos íntegros. O mundo parece "certo" e nós ficamos felizes.

Quem conseguir se voltar para a verdade terá eliminado grande
parte de seu sofrimento – porque boa parte do sofrimento
é baseado em puras mentiras.
R. D. Laing

O Contrato Interior

Quem se compromete a dizer a verdade para si mesmo firma um contrato interior. A idéia da verdade como contrato pessoal faz com que as pessoas extremamente felizes tenham na "veracidade" um ponto de apoio. Para elas, é imprescindível compreender a própria verdade em qualquer situação. Elas testam suas reações às pessoas e aos problemas. Estão sempre à procura do que é real em suas reações à vida. Em suma: fazem questão de autenticidade e de uma avaliação pessoal precisa, para resguardarem o estado de integridade com relação a si mesmas.

Mercedes chegou aos Estados Unidos já adolescente, depois de ter morado na periferia da Cidade do México. Ficou cinco anos aprendendo a falar inglês e outros três fazendo um curso básico de informática. Esse trabalho todo valeu a pena. Agora, trinta anos depois, ela tem um cargo de chefia na área administrativa de uma empresa de computadores.

> *A verdade é o contrato que faço comigo mesma. Nem sempre é fácil, mas honrá-lo me faz feliz. É uma coisa que evoluiu com o tempo – transformou-se na minha crença e no meu fundamento: é essencial. É para onde posso voltar, é o que me guia...*
>
> *Quando alguma coisa vai contra essa verdade, as luzes e campainhas do meu cérebro e do meu coração começam a funcionar. É o sinal para reavaliar. A verdade é o que me motiva. Ela me mantém na linha reta, no caminho. Ela me ajuda quando tropeço.*

Em sua forma mais essencial, o "contrato" faz com que cada um marche conforme o próprio tambor. Usamos sua cadência para estabelecer nosso ritmo de vida e para nos dar direção. Nosso tambor repete as batidas do coração e não nos deixa esquecer quem somos, não nos deixa esquecer nossos próprios valores, nossa ética e nossa estética.

Mas o que é o nosso tambor? O que é o nosso contrato? A resposta é diferente para cada um. Ser honesto consigo mesmo é um processo difícil e demorado rumo a uma consciência sempre mais profunda. É trazer o eu inconsciente — desejos, sentimentos, medos e pensamentos ocultos — à consciência, para que seja compreendido. Quando não temos uma clara visão de nossas verdades interiores, o eu inconsciente comanda o espetáculo. Não conseguimos explicar certas escolhas porque somos guiados por coisas que não compreendemos totalmente.

Isso se transforma numa tarefa assustadora porque geralmente a verdade essencial não é aparente. A viagem para o inconsciente pode ser dolorosa ou exigir uma atitude que não queremos tomar, mas é só através dela que podemos ser emocionalmente saudáveis, verdadeiramente felizes.

A Macieira Silvestre

A verdade para consigo mesmo é como a extensa raiz da macieira silvestre, uma árvore de frutos azedos que é famosa pelas belas flores, pela força e longevidade. Esse tipo de verdade é invisível, conhecida apenas por nós mesmos, assim como a raiz da árvore é invisível.

Apesar de profundamente enterrada na terra, a raiz mantém a árvore sadia. Quanto mais profunda e espalhada for a raiz, mais condições a árvore terá de suportar as forças que trabalham contra ela. Ela vai sobreviver às pressões do ambiente – seca, vento, poluição e temperaturas extremas. A raiz invisível vai alimentar a árvore e mantê-la de pé. A árvore então vai florir, suas folhas serão verdes e seus frutos abundantes.

Da mesma forma, a verdade para consigo mesmo é uma conversa secreta, uma verdade particular de que não podemos abrir mão se queremos ser totalmente felizes. Com uma extensa raiz de verdade interior, somos como a macieira silvestre. Ficamos mais firmes no chão e agüentamos melhor as forças externas, como tempestades emocionais, ataques de outras pessoas e pressões para fazermos o que não é bom para nós. Saudáveis, conseguimos rechaçar a poluição da sobrecarga de informações. Ficamos estáveis. As raízes profundas da verdade nutrem nossa alma e fazem nossos relacionamentos florirem.

> A verdade é resistente. Ela não estoura, como uma bolha,
> com um toque. Você pode chutá-la o dia inteiro como se fosse
> uma bola de futebol e à noite ainda estará redonda e cheia.
> *Oliver Wendell Holmes,* The Professor at the Breakfast Table

Há perguntas clássicas: Qual é o preço da verdade? Violaríamos a verdade interior em troca de dinheiro? E se estivermos realmente precisando do dinheiro? Na história a seguir, Elena estava realmente precisando do dinheiro.

U$ 20.000 e a Verdade

Elena é uma empregada doméstica que vive num bairro pobre com o marido e três filhos adolescentes. Apesar da pobreza, seu sonho é mandar os filhos para a faculdade. Com uma dupla jornada de trabalho, ela consegue poupar alguns dólares por mês. Foi contratada para o atual emprego há cinco anos, graças a uma situação que impressionou a senhora Frost, sua patroa.

Elena trabalhava como empregada para uma vizinha idosa da senhora Frost, a senhora Rosen, uma contadora aposentada. No dia em que a senhora Rosen morreu, Elena telefonou para o apartamento da senhora Frost. Disse que queria lhe mostrar uma coisa antes de chamar as autoridades.

Elena me levou ao banheiro. Lá, no fundo de uma gaveta, havia um monte de dinheiro – depois saberíamos que eram U$ 20.000. Temendo que a polícia confiscasse o dinheiro, Elena me pediu para telefonar para a irmã da senhora Rosen.

Quando ela chegou, ficou surpresa: nem sabia que aquele dinheiro existia. Mais espantoso ainda era o fato de Elena não ter pego o dinheiro para si, apesar de ninguém saber de sua existência. Contratei Elena no dia seguinte.

Para Elena, a verdade não tem preço. As economias da senhora Rosen poderiam lhe dar uma vida melhor. Mas isso não fez diferença:

Felicidade não é dinheiro. A preocupação com a falta de dinheiro e as dívidas me fazem infeliz. Mas também sei que o dinheiro não me faria feliz.

O que me faz feliz é o tempo que passo com minha família, na minha igreja, com meus filhos. Rica ou pobre, eu faria as mesmas coisas. Com mais dinheiro, eu não me preocuparia tanto. Mas nada é mais importante para mim do que o que sinto com relação a mim mesma. Tenho orgulho da minha maneira de viver e isso me faz feliz.

Esse é um exemplo de como funciona o contrato. Elena tem uma noção clara das próprias necessidades. Sua primeira necessidade é ser verdadeira consigo mesma. A honestidade inabalável é a fonte de sua felicidade. Apesar das dificuldades econômicas, ela conseguiu uma coisa que pessoas muito mais ricas não têm: viver feliz consigo mesma.

É necessário à felicidade do homem que ele seja
mentalmente fiel a si mesmo.
Thomas Paine

Descubra a Sua Verdade

O exercício a seguir é uma variação de uma atividade que fazemos durante os seminários. É uma oportunidade de descobrir as próprias verdades.

Escolha um momento em que possa ficar sozinho. Fique na frente do espelho e se olhe nos olhos. Complete as seguintes frases:

"Finjo que___________."

"A verdade é que___________."

Continue se olhando e vá repetindo as frases e preenchendo os espaços em branco. Lembre-se de que não está à procura de fantasias como "Eu finjo que ganhei na loteria". Está procurando coisas que realmente ocorrem: "Eu finjo que tenho um relacionamento próximo com minha irmã". E "A verdade é que não divido meus sentimentos com ela".

Como você está sozinho, ninguém vai saber de nada. Como demonstra nossa experiência, se você continuar a preencher os espaços em branco, vai descobrir muita coisa a seu respeito. Verdades e segredos profundamente guardados começam a vir à superfície da mente.

Descobrimos que todo mundo tem mania de fingir. Trazer essas coisas à arena consciente, especialmente num ambiente privado, é uma técnica maravilhosa para encontrar seu verdadeiro eu.

Este é um exercício que você pode fazer regularmente ou quando precisar de esclarecimento.

Há uma variação desse exercício que deve ser feita a dois: escolha alguém em quem confia. Encare seu parceiro. Comecem a completar, alternadamente, as duas frases acima. Enquanto o parceiro fala, procure tomar notas. Depois de uns dez minutos, façam uma pausa para refletir sobre a experiência. Considere o seguinte:

- O que aprendi a meu respeito? E sobre meu parceiro?
- Estou surpreso com o que meu parceiro falou?
- Houve revelações importantes?
- Quais os temas que expressamos? Esses temas estão relacionados às questões reais da nossa vida?
- Como me senti ao enfrentar minhas verdades? E as verdades do meu parceiro?

O Casamento Acabou!

Lembram da história de Annie, no Capítulo 8, sobre as sobras do jantar? Nessa época, Annie estava reavaliando seu condicionamento de infância com relação à "generosidade" e, ao mesmo tempo, debatia-se com a verdade sobre os próprios sentimentos, especialmente com relação ao marido, Bruce. Como outras mulheres de sua geração, Annie, agora com 60 anos, casou-se pela primeira vez logo que terminou o colégio e, aos 25 anos, já tinha três filhos.

Na época eu não era feliz, mas me convencia que logo seria diferente – logo que meu marido terminasse a faculdade de medicina, logo que comprássemos uma casa... Mas tudo isso foi se realizando e eu continuava me sentindo vazia.

Levei muito tempo para perceber que, para superar a infelicidade, eu precisava ser honesta comigo mesma. Era muito difícil ser honesta com relação às minhas reais necessidades. Eu não tinha sido criada assim. Minha vida tinha aspectos maravilhosos, mas havia uma coisa errada: meu casamento. Eu mentia para mim mesma quanto a isso.

Para Annie, identificar as próprias necessidade já era uma revolução. O primeiro passo era resistir à pressão social para descobrir o que prezava em si mesma. Depois de muita auto-avaliação, ela concluiu que tinha muitas coisas boas, como a criatividade e a inventividade.

Infelizmente, não era essa a opinião do marido. À medida que o tempo passava, mais claro ficava que ele não a compreendia. Seus mais caros valores eram segredos que ela não podia revelar.

Lembro-me de uma noite desastrosa – quatro de julho de 1966. Lembro-me da data exata porque foi uma noite decisiva. Depois de um churrasco no quintal, decidi fazer uma brincadeira com as crianças antes que fossem para a cama. Tirei do armário meu vestido de noiva, o véu, os sapatos. Vesti-me e comecei a representar um conto de fadas: dancei e cantei pela sala fingindo ser uma princesa. Foi divertido e as crianças adoraram.

Mas meu marido reagiu com sarcasmo e hostilidade. Atacou meu mundo de fantasia e me humilhou na frente das crianças. Fiquei com muita vergonha.

Nessa noite, percebi que vivia fingindo. Bruce estava destruindo em mim o que eu mais gostava. Então, por desespero, eu tinha criado meu próprio conto de fadas: eu amava meu lindo marido, estava feliz perto dele e não precisava de mais nada na vida. Era fácil sustentar esses mitos que eu contava a mim mesma. Eu acreditava em tudo que as mães dos anos 60 deviam acreditar. Como vivia repetindo essas coisas para mim mesma e para os amigos, passei a acreditar totalmente nelas.

Descobri duas verdades importantes: meu marido não tinha interesse nem em me conhecer de verdade. E eu tinha que sair desse casamento.

Quando as pessoas descobriram que eu estava planejando deixar meu marido, sugeriram todos os tipos de manobras desonestas para preservar o casamento. "Contenha-se: você não precisa se entregar aos sentimentos". "Não dá para ter um casinho discreto e pronto?" Pessoas que supostamente me amavam sugeriram que eu vivesse uma mentira só para manter as aparências.

Mas, a essas alturas, eu estava lúcida. Precisava viver uma vida em que pudesse ser realmente eu. Sei que o divórcio é terrível para as crianças, mas acho que é mais importante ser um bom modelo como mãe. A mensagem que eu queria transmitir a meus filhos era: vocês não precisam viver uma mentira.

Depois do divórcio, Annie se apaixonou por Paul, com quem está casada e feliz há mais de trinta anos. Juntos, eles têm cinco filhos já adultos. Ela continua a prezar sua criatividade e imaginação: floresceu como escritora de contos. Além disso, é professora de literatura e tem muito sucesso ensinando os alunos a escrever criativamente.

Sei o que é verdadeiro para mim... e isso basta. Não preciso de mais nada. Acho que compreender a si mesmo é o ingrediente mais importante da felicidade. Quando sou verdadeira comigo mesma, sou feliz. Se todas as minhas decisões são filtradas por essa verdade, não posso errar!

É preciso retirar as camadas de fingimento que mantêm vivos os mitos pessoais. Só então é possível enxergar a verdade. Sem essas camadas enganosas, a visão que temos de nós mesmos fica clara. Chamamos a isso de "minha verdade".

O grande inimigo da verdade não é a mentira – deliberada, planejada, desonesta – mas o mito – persistente, persuasivo, não-realista.

John F. Kennedy, Universidade de Yale, 1962

"Minha Verdade"

O conceito de "minha verdade" vai ficar claro se imaginarmos que cada um de nós é uma câmera que vê o mundo através de lentes e ângulos levemente diferentes. A lente é afetada pela formação, cultura, experiência de vida e carga genética de cada um. É também mediada por nossa estrutura emocional e pelo grau de envolvimento com o acontecimento enfocado. Apesar de estarmos olhando para a mesma cena, nossa imagem dessa cena – nossa "verdade" – é levemente diferente da de todos os outros. Às vezes é muito diferente.

Imagine uma família grande, o ambiente perfeito para observar o fenômeno da "minha verdade" em plena floração. A família está sentada à mesa no

Dia de Ação de Graças. Na hora da torta de abóbora, tio Joe e tio Don começam a discutir aos brados sobre uma sociedade que fracassou há mais de vinte anos.

Se fizesse perguntas às outras nove pessoas sentadas à mesa, você descobriria que, apesar de terem testemunhado a mesma discussão, cada uma contaria uma história – ou uma "verdade" – diferente sobre o que aconteceu entre tio Joe e tio Don. Nesse caso, qual será a "verdade"?

A tia Rose, mulher do tio Joe, tem uma "lente" de tristeza, porque convive há vinte anos com a perda de tudo o que tinham conseguido poupar. Ela acha que a culpa é de Don, que fez um mau investimento e que aliás foi quem começou a discussão nessa noite. Mas sua tia-avó Ida, que está muito bem de vida, não está ligando para dinheiro e vê a briga como uma infantilidade. O primo Bob, que é terapeuta, acha que é saudável os dois expressarem abertamente suas emoções. Lynette, casada há pouco tempo com um dos primos, está pasma, porque na sua família não se lava roupa suja desse jeito. Melissa, de 7 anos, acha a história muito engraçada, enquanto sua irmãzinha Madeline está assustada. Quem está certo? Todos estão certos. Cada reação é honesta e válida.

Nossa verdade nunca está errada, pois as lentes são unicamente nossas. O melhor é dizer honestamente a verdade e deixar que os outros façam o mesmo. Se as pessoas dessa família tentassem encontrar uma verdade objetiva, perderiam muito tempo. Além disso, a impossível tarefa de estabelecer o certo e o errado provocaria divisões, mal-entendidos e inimizades: em suma, a desunião da família.

Por outro lado, permitir que cada pessoa tenha a própria verdade leva à união da família, que aceita a diferença de opiniões. Isso cria um grupo mais cortês, compreensivo e feliz.

A Verdade Sobre o Que Você Precisa

Como você se sente ao expressar suas verdades à família e aos amigos? O que lhe acontece emocionalmente quando você faz reclamações honestas no trabalho? Você ouve uma vozinha que sussurra os "deverias" no seu ouvido? "Você não deveria ser tão implicante. Não deveria expor suas necessidades. Você deveria estar satisfeito com o que tem". E, de vez em quando, essa vozinha não é um sussurro, mas um rugido.

A Dança com os Letais "Deverias"

Todos nós já dançamos com os "deverias" – segundo a família, os amigos e a comunidade; deveríamos precisar do que eles precisam, viver como vivem, acreditar no que acreditam e nos expressar como acham que deveríamos. Os "deverias" vêm do púlpito, do processo político ou do coração amoroso da nossa mãe, mas vêm sempre de fora: são exigências externas que às vezes estão em oposição direta à verdade pessoal. Quando deixamos que os "deverias" obscureçam nossas necessidades, estamos deixando que nosso contrato pessoal seja violado.

Shana, de 16 anos, foi apontada como a pessoa mais feliz do colégio. Perguntamos a todos os seus amigos e eles concordaram. Ela é alegre, esperta e divertida.

Quando surge uma situação que me deixa em dúvida, eu paro para pensar. No que realmente acredito? O que quero de verdade? Às vezes é algo bem diferente do que minha família e meus amigos esperam de mim. Se não parar para pensar, acabo me desviando. Quero ser sincera comigo mesma, em vez de dizer o que acho que os outros vão gostar. Isso me faz mais feliz do que qualquer outra coisa.

Depois de entrevistar Shana, conversamos com as pessoas da família. Há uma tensão na casa. Connie, a madrasta de Shana, acha a menina egoísta e socialmente intratável.

É claro que ela é honesta, mas à custa dos outros. Acho que Shana é uma menina egoísta. Às vezes ela convida os amigos para virem aqui e vão todos olhar o que tem para comer na geladeira. Shana pergunta o que eles querem e também diz o que vai querer! É uma falta de modos! Ela deveria primeiro servir os outros.

"Os outros primeiro", é o que digo sempre. Quando eu e meu filho Joey olhamos o que tem para comer na geladeira, ninguém vai pegando o que bem entende. Ele é tão generoso que tem medo de dizer o que quer. Quando ele acaba pegando o que eu queria, vejo que foi bom ter esperado.

Esse exemplo aparentemente insignificante nos dá um vislumbre do que sente essa família com relação à verdade. A diferença de atitude prejudica o relacionamento da madrasta com a menina. Connie realmente acredita que é egoísmo manifestar a própria vontade e que é generosidade negar as próprias necessidades.

Como quase todo mundo, Connie cresceu com os "deves e deverias": deve ser uma mãe disposta ao sacrifício e cuidar antes das necessidades do filho; deve se submeter aos outros; deve ensinar o filho a colocar as necessidades dos outros antes das suas. São regras que ela criou para determinar como deve agir, como deve se sentir ou ser para ser aceita e para se sentir bem com relação a si mesma. Mas eis o problema: apesar de culturalmente aceitável, esse comportamento a torna desonesta com relação a si mesma e aos outros.

Connie não é feliz e zomba da idéia de que a felicidade é possível. Seus "deverias" são a fonte de sua infelicidade. Por quê? Vamos comparar a atitude de Shana com a de Connie.

- Shana satisfaz as próprias necessidades ao ser honesta no seu relacionamento com as pessoas. Connie quase nunca consegue o que quer e se sente prejudicada.
- Por meio do próprio exemplo, Shana estimula os amigos a satisfazer as próprias necessidades. Connie não é clara com Joey. Assim, ele não consegue avaliar as necessidades dela e não se sente à vontade para expressar as suas.
- Shana dá aos amigos a liberdade de contrapor sua honestidade à dela. Connie está ensinando Joey a negar as próprias necessidades, à custa de ser desonesto consigo mesmo e com ela.
- Quando Shana se relaciona com as pessoas, todos conseguem o que querem e chegam a um acordo negociado abertamente. Como Connie acredita que afirmar as próprias necessidades é egoísmo, é inevitável que seu filho – ou qualquer um que conviva com ela – se sinta culpado. Será que sem querer ele pegou justamente o que ela queria? Ele jamais saberá.

É interessante observar que Shana é uma das garotas mais queridas da escola. Seus colegas a descrevem como uma pessoa generosa e amiga. Em vez de ficarem ofendidos, eles confiam em sua honestidade. Não precisam adivinhar o que ela quer e o seu comportamento permite que expressem abertamente o que querem.

Connie, por outro lado, foi descrita por um conhecido como "emocionalmente intrigante e retraída". Como não permite que os amigos saibam quais são suas necessidades e reações, ela dá mesmo essa impressão. Seu silêncio é desonesto e a impede de se aproximar das pessoas de quem gosta.

O que Connie pode fazer? Há alguma solução simples? Observando as pessoas felizes, descobrimos um processo de auto-análise que leva à autoconsciência. Connie poderia se fazer as seguintes perguntas:

- Como aprendi os "deverias" que governam minha vida?
- Que "deverias" determinam meu comportamento?
- Tenho medo de ser honesta? Que medos são esses? O que vou perder se for honesta?
- Como expressar minhas necessidades e encorajar Joey a expressar as dele?

Grandes Verdades e Mentirinhas Inocentes

A verdade é como um jogo de palavras cruzadas. Se uma palavrinha estiver incorreta, é preciso manipular todas as palavras em volta do erro para completar o jogo. Por isso, até mesmo as "mentirinhas inocentes" são estressantes. Precisamos lembrar que contamos uma mentira e para quem a contamos, fora o medo de que alguém descubra. Além disso, como a palavrinha do jogo de palavras cruzadas, ficamos fora de sintonia com o que sabemos que é verdade.

É por isso que Leticia desistiu de mentir quando abriu sua galeria de arte. Tinha duas escolhas: contar mentirinhas aos artistas para facilitar a relação com eles ou lhes dar opiniões honestas com a intenção de melhorar sua arte. Decidiu falar a verdade e não voltou atrás.

O resultado foi maravilhoso. Como impôs seu próprio código de honestidade, um círculo cada vez maior de artistas passou a confiar nela. Acabou se transformando num parâmetro para os artistas de toda a região, que a procuram para saber a opinião dela. Encontraram em Leticia alguém que lhes dá importância a ponto de se arriscar a falar a verdade. Sorrindo, Leticia nos disse que não mente há anos — mesmo quando uma amiga está com um penteado horrível.

Acho que não presto um serviço a ninguém ao dizer coisas que não são verdades. Não faço distinção entre pequenas mentiras sobre roupas ou receitas de pratos e grande mentiras que envolvem ética ou dinheiro. Verdade é verdade. Mesmo que não pareça positiva, é real.

Eu me beneficio muito sendo verdadeira com os outros. A longo prazo essa atitude aprofunda meus relacionamentos. Não tenho amigos pela metade. Eles confiam em mim, eu confio neles. A substância da nossa amizade é a honestidade. Dá para imaginar alguma coisa que seja mais confortadora e mais cativante?

Mas Leticia se viu numa situação que testou sua resolução.

Ela é voluntária num hospital, onde trabalha com pacientes de AIDS, num esquema em que cada voluntário acompanha um paciente. Há dois anos ela foi destacada para cuidar de Jean. A simpatia foi imediata e de repente Leticia estava dedicando todos os seus sábados a Jean.

Gostavam uma da outra, mas Leticia acabou se ressentindo da crescente dependência da outra. Viu-se, assim, na difícil situação de ter que priorizar as próprias necessidades apesar da doença de Jean.

Achei que os pedidos de Jean estavam crescendo como bola de neve e saindo do controle. Comecei a achar que a atendia por dever e não porque queria. Mas fiquei particularmente dividida porque a doença dela estava piorando.

Eu poderia ter inventado uma história para explicar que não podia ficar tanto tempo com ela – "Meu irmão vem me visitar neste fim de semana", etc. Mas eu queria respeitar nosso relacionamento. Assim, tive uma longa conversa com ela sobre o que estava sentindo. E pedi que ela fizesse o mesmo. Falamos muito – das necessidades dela, das minhas, de como satisfazê-las e da possibilidade de procurar outros recursos.

A conversa foi difícil e um pouco apavorante no início. Foi preciso ser muito honesta. Mas resolvemos tudo. Jean foi muito sincera. Algumas de suas necessidades eram inviáveis, mas a maioria dava para dar um jeito. No fim da conversa, o carinho que temos uma pela outra tinha aumentado.

Como negar os pedidos de uma pessoa com AIDS? Que tipo de gente somos nós se impomos nossas necessidades quando é o outro que está doente e necessitado? Muitos acham que ser uma "boa pessoa" significa pôr de lado os próprios interesses em favor dos interesses dos menos afortunados. Não é isso que *deveríamos* fazer?

Quem nega as próprias necessidades é desonesto consigo mesmo. Mas as nossas necessidades e as necessidades dos outros não se excluem mutuamente. A verdade de Leticia trouxe mais clareza para Jean. Ela conseguiu ser veraz consigo mesma e ao mesmo tempo se aproximar de Jean. Quem é verdadeiro permite que os outros também o sejam e tem maior probabilidade de satisfazer a necessidade de todos.

Verdade Responsável

A palavra "verdade" costuma sofrer deturpações terríveis e é até usada como uma arma. Há quem faça ataques pessoais disfarçados de "estou só falando a verdade". Essas pessoas costumam dizer: "Sou muito honesto. Digo só o que é verdade". Mas sob o disfarce da honestidade, essa afirmação se traduz em licença para dizer: "É culpa sua". "Você estragou tudo". Ou: "Honestamente, você é um idiota". A verdade plenamente responsável não tem relação nenhuma com a culpa.

Para as pessoas felizes, a verdade é preciosa e deve ser tratada com cuidado. Usá-la como instrumento para ferir os outros ou praticar qualquer outro abuso não é apenas uma irresponsabilidade, mas algo intolerável.

Para Leticia, ser veraz consigo mesma não significa falar a verdade indiscriminadamente. Sua intenção não é punir, magoar nem atacar. Ela não pretende julgar nem fazer críticas pessoais. A conversa que teve com Jean não começou com "Você está sendo egoísta e exige demais de mim". Leticia começou a conversa com o coração aberto e com a intenção de compartilhar os próprios sentimentos. Só encontramos a verdade quando paramos de julgar os outros e começamos a prestar atenção nos próprios comportamentos e necessidades.

Ele não ofende ninguém.
Mas fala a verdade.
Suas palavras são claras
Mas nunca ásperas.
Dhammapada, "O Verdadeiro Mestre"

O Elefante Cor-de-Rosa

O "Elefante Cor-de-Rosa" é a ovelha negra da família, da qual ninguém fala. Seu poder vem da desonestidade. Como ninguém reconhece sua existência, ele sai desembestado. A família o mantém vivo para não precisar lidar abertamente com a dor. O elefante simbólico pode ser uma dependência às drogas e ao álcool ou um caso de abuso infantil. Pode ser uma doença secreta ou a tristeza de uma tragédia familiar que não se resolveu. Seja qual for sua causa, o Elefante Cor-de-Rosa vaga pela casa com resultados desastrosos, derrubando as emoções honestas e pisando na vida da família.

Clint, agora com 46 anos, cresceu nas colinas da Virgínia. Poderia ter tido uma infância idílica – uma bela casa num bairro de construções vitorianas, rodeadas de áreas verdes. As fotos tiradas no Natal retratam uma bela família dos anos 50. Mas o Elefante Cor-de-Rosa estava arruinando a vida dele:

Lembro-me de dizer a meu pai quando eu ainda era pequeno: "Acho que a mamãe está bebendo demais". Mas ele sempre dizia que não, que ela só estava cansada ou estressada. Mas dava para ver que não era bem assim. Quando eu voltava da escola, minha mãe estava sempre chorando e com a voz pastosa. Mal conseguia ficar em pé, quanto mais fazer o jantar. Mas papai deixou bem claro que não era para falar no assunto. Quando eu pedia uma resposta, ele se esquivava.

Tudo isso teve um terrível efeito sobre mim. Depois de algum tempo, comecei a questionar minhas intuições e reações. Afinal era o meu pai, e ele era um adulto. Tinha que ter alguma coisa errada comigo.

Como adultos responsáveis diziam a Clint que suas impressões estavam erradas, ele começou a duvidar da própria capacidade de raciocinar. Mesmo sabendo que sua análise era verdadeira, preferiu mentir para si mesmo para ter o afeto da família. Aderir à mitologia familiar tinha suas recompensas. Clint estava sendo pisoteado pelo Elefante Cor-de-Rosa.

Eu estava preso numa armadilha. Se falasse a verdade, meu pai deixaria de gostar de mim. Mas mentindo era eu que não conseguia me amar. Na época isso não era muito claro, mas a incapacidade de minha mãe incomodava menos do que a frustração e a raiva que sentia por não poder tocar no assunto.

Essa raiva fez com que Clint se afastasse da família na adolescência. Ele se sentia distante dos pais.

Quando fui para a faculdade, percebi que as mentiras tinham raízes dentro de mim e que eram um poder tremendamente destrutivo na minha vida. Não consegui nem me aproximar de meu companheiro de quarto porque precisava preservar a mentira da família.

Sabia que para ser feliz era preciso romper esse padrão e chegar à verdade. A mentira me impedia de ser feliz: nada fazia para me proteger. Seus efeitos sobre as pessoas à minha volta eram todos negativos e acabaram me machucando muito.

Aos vinte e poucos anos, Clint começou a buscar as próprias verdades. Concentrou-se na mágoa e na angústia que tinham crescido com ele. Percebeu que tinha interiorizado o Elefante Cor-de-Rosa: além de não conseguir falar sobre o alcoolismo da mãe, ele não conseguia falar sobre problema algum. Estava interiormente perturbado e sabia que precisava de ajuda. Finalmente, trabalhando com um terapeuta, conseguiu soltar a raiva. Esse foi o início de uma nova maneira de viver.

Clint tem agora um compromisso com a verdade, o que lhe foi útil até em momentos de tragédia. Há alguns anos, Clint soube que o pai estava à morte. Percebeu que essa era sua última oportunidade de dividir com ele a "Sua Verdade" e foi vê-lo na Virgínia.

Essa foi uma das coisas mais importantes que fiz na vida. Não precisava que ele visse as coisas da minha maneira, mas que soubesse o que eu sentia na época – precisava me abrir com ele. Ele morreu três semanas depois.

Eu tenho uma regra: se tenho medo de dizer alguma coisa, eu me forço a dizê-la. Se tenho medo de sentir alguma coisa, eu me forço a senti-la. Foi só nos últimos anos que adquiri confiança suficiente para me compreender e para confiar em mim mesmo. Sou a única pessoa que sabe a resposta. Sou a única pessoa que sabe o que é verdadeiro para mim. Se quero ser feliz, preciso dizer a verdade.

Uma verdade pessoal é uma verdade. Não pode ser enfeitada, disfarçada ou modificada. Ela é o que é. Emerge com mais clareza quando abandonamos a desonestidade que a obscurece.

Quando a verdade é enterrada, ela cresce, sufoca, acumula uma tal força explosiva que, quando irrompe, leva tudo com ela.
Emile Zola, "J'Accuse", L'Aurore, *1898*

Reconhecer o Elefante Cor-de-Rosa, esclarecer a situação ou expressar um sentimento reprimido: seja o que for, o ato de dizer a verdade impede que uma situação se torne venenosa. Falar a verdade é um ato de amor. Mesmo que não seja dita com perfeição, a verdade afirma a vontade de respeitar a importância de nossos relacionamentos.

Tom: a História de Alguém sque se Assumiu

"Assumir-se" — contar ao mundo que você é homossexual — é uma atitude que se transformou no arquétipo moderno do tipo mais arrojado de honestidade. É um processo que exige verdade em muitos níveis, com muitas pessoas. É preciso primeiro chegar a um acordo consigo mesmo e depois falar honestamente com os outros — família, amigos, colegas e comunidade em geral.

Isso é necessário em culturas que consideram o homossexualismo deplorável. É uma atitude que pode ser emocionalmente esmagadora e que às vezes expõe o indivíduo à violência física.

Então para que se arriscar? Porque falar a verdade é fundamental.

Eu vivia no armário. Sou gay *e trabalhava para um fabricante de artigos esportivos, mergulhado na cultura atlética e machista da empresa. O ambiente era de vestiário masculino. Para ser franco, eu tinha medo de dizer a verdade e precisar discutir minha vida sexual. Era muito desconfortável ser um* gay *nesse ambiente de trabalho.*

Assim, fazia segredo da minha vida. Escondia as fotografias das férias e falava "minha namorada" para me referir ao meu parceiro de dez anos. Morria de medo que alguém do escritório me visse com o Jon na rua.

A mentira de Tom estava lhe saindo cara. Mas Tom sentia que seu sustento dependia de um poderoso trabalho de *marketing*. Ele estava pagando o financiamento de uma casa nova e de um cruzeiro pelo México. Tinha um carro novo e mantinha um alto estilo de vida. Mas tudo parecia errado. O *stress* da vida secreta lhe trouxe problemas de saúde: descobriu que tinha úlcera.

Tentei de tudo. Remédios, meditação, o que você imaginar. Comprei até uma pedra japonesa indicada para aliviar a tensão. Teoricamente eu tinha uma vida maravilhosa – um bom relacionamento, amigos maravilhosos, bastante dinheiro. Mas estava infeliz.

Um dia, desesperado, Tom contou a um colega que era *gay*. E em poucas semanas seus temores tinham se tornado realidade. Quando a fofoca se espalhou, as pessoas começaram a falar dele pelas costas e a contar piadas a seu respeito. Alguns dos colegas se afastaram totalmente. A impressão que ele tinha era que sua bem-sucedida carreira tinha descarrilado. A vida que tanto prezava tinha começado a desmoronar.

Mas, estranhamente, ele se sentia melhor. Então a luzinha acendeu. O problema é que não tinha sido desonesto só com os outros: tinha sido desonesto consigo mesmo. Tinha se convencido de que conseguiria se esconder pelo resto da vida.

Numa semana, larguei o emprego e me senti ótimo. Meu corpo ficou livre do stress. *Eu podia dizer a verdade a meu respeito. Podia ser o que realmente era. Ainda estava pagando o financiamento da casa, mas de repente eu me sentia mais forte. Voltei a gostar de mim mesmo, depois de muitos anos. E comecei a ver muitas possibilidades.*

O impacto mais imediato foi no relacionamento com Jon. Ao me aceitar, eu tinha afirmado meu amor por ele. Todos os aspectos da minha vida tinham se tornado reais. Sendo eu mesmo, eu podia aproveitá-la totalmente.

A veracidade tinha me libertado. Quando comecei a procurar emprego, em vez de priorizar o dinheiro, o prestígio ou o título que ganharia, comecei a levar em conta minhas paixões.

Tom não precisou procurar emprego por muito tempo: foi logo contratado como assistente de produção de uma grande companhia teatral.

Eu ia trabalhar na minha área favorita! Amava o teatro desde o primeiro espetáculo que vi, aos 5 anos de idade. Mesmo ganhando a metade, eu me sentia indestrutível. Minha verdade era meu poder. A verdade era o elo perdido da minha vida.

Então comecei a "me assumir" diante de todos. Fiquei surpreso com o que aconteceu. Estava preocupado com a reação da família e dos amigos. Tinha medo de perdê-los. Mas aconteceu o oposto – eles se aproximaram ainda mais. O segredo desapareceu e com ele o desconforto que as pessoas sentiam perto de mim. Houve um ou dois casos de pessoas que se afastaram, mas eu estava preparado para agüentar as conseqüências.

As pessoas têm atração pela verdade. Elas querem a verdade. É como um ímã. São atraídas por quem é honesto. Como ouvimos muitas histórias que mostram que a honestidade convida à intimidade, começamos a nos referir a esse fenômeno como "o ímã da verdade".

Quando contei minha história para o mundo, ouvi histórias que me deixaram espantado. Acho que ao me abrir dei aos outros permissão para se abrirem comigo. Quem ouvia minha história geralmente me contava algum segredo do passado, falava de desejos, tristezas, alegrias e temores que pareciam muito mais íntimos do que os meus.

Meus relacionamentos ficaram muito mais profundos do que eu poderia imaginar. Tenho relacionamentos honestos e verdadeiros com pessoas em quem posso realmente confiar. Fiquei mais próximo da família, mais próximo dos amigos e meu relacionamento com Jon foi ficando cada vez melhor – principalmente porque meu nível de stress *baixou. Trabalho agora como voluntário num serviço de apoio para* gays *adolescentes.*

Não revelar uma verdade tão íntima e tão inerente a nós mesmos tem efeitos a longo prazo. Provoca tensão no corpo, interfere nos relacionamentos, diminui a motivação, aumenta a exaustão, a fadiga e a doença. Na entrevista, Tom nos disse que tinha passado por tudo isso.

Ele é agora o gerente de *marketing* de uma companhia de teatro. Trabalha com pessoas que admirava desde a infância. Ainda tem ao lado da cama a pedra japonesa, para não esquecer que nunca mais quer voltar àquele "lugar horrível e secreto".

Quando se está fingindo, o corpo inteiro se revolta.
Anaïs Nin

Como Pedras num Lago Cristalino

Chay Ky, um excelente mecânico de automóveis, tem diante da vida uma atitude profundamente espiritual, da qual a honestidade é um elemento básico. Esse bom homem sobreviveu aos horrores políticos do Camboja, onde nasceu, sem nunca ter deixado de ser feliz. A visão que ele tem da honestidade é firme como uma rocha. Sua dedicação à verdade o ajudou a sobreviver e contribuiu para o sucesso que teve depois.

Sabendo que sua profissão é conhecida por seus profissionais desonestos, Chay nos falou de seu relacionamento com os clientes.

Nunca minto para meus clientes. O céu e o inferno não acontecem quando morremos: eles acontecem enquanto vivemos. A mentira é o inferno, a verdade é o céu. Prefiro viver no céu. Meus fregueses sabem disso e sempre voltam.

A verdade é a única coisa que traz harmonia interior. Sem a verdade, nada importa. Mas quando a encontro, fico verdadeiramente feliz. Vou passar a vida à procura da verdade. Ela é tão aparente num campo de refugiados quanto numa cidade moderna.

Nessa busca, aprendi que verdade é felicidade – ela simplesmente existe e não pode ser modificada. O maravilhoso é que as inverdades podem ser modificadas para melhor – podem ser transformadas em verdades. A verdade não abandona quem procura por ela.

A verdade é ver as pedras no fundo do lago. Sei que encontro a verdade quando a água clareia e as formas no fundo ficam nítidas e coloridas. Não há dúvida quando vejo a verdade...

... e a verdade vos libertará.
João 8:32

A roda pára na veracidade, a última das nove escolhas? Não. Como em qualquer círculo, este é apenas uma parte de um enredo que nunca tem fim. Assim como a generosidade fluiu para este segmento, a veracidade flui agora para a responsabilidade plena. Como ser plenamente responsável consigo mesmo se você não conhece a verdade?

Repetimos: todas as escolhas são movidas pela intenção. Que intenção temos com relação a nós mesmos e com relação aos outros? Intenção de esconder, de proteger, de magoar, de manipular, de punir, ou de esclarecer, de ajudar, de ser autêntico e verdadeiro?

Continuamos a girar a roda enquanto prossegue a aventura da satisfação, da integridade e da capacidade. Quando escolhemos a felicidade, iniciamos uma jornada que dura a vida inteira.

Capítulo 10

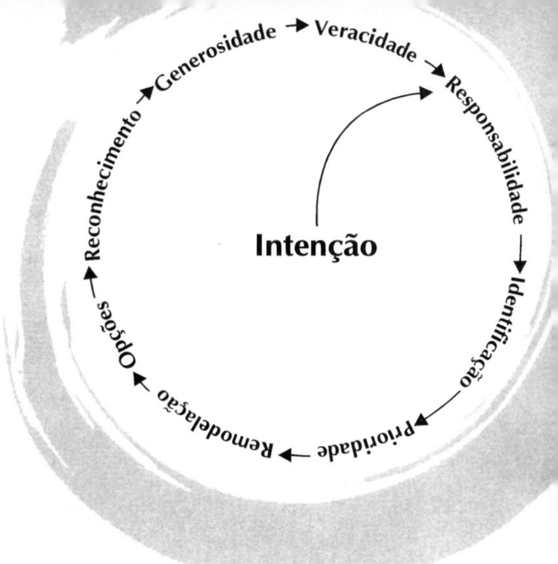

Sinergia

Agora você já conhece as nove escolhas, uma por uma. É hora de juntá-las, pois elas são na verdade partes de um sistema sinérgico, que regula a si mesmo.

Abusando mais uma vez das metáforas e dos símbolos, achamos que o sistema solar, com seus planetas eternamente girando em torno do sol, é o modelo que melhor descreve a felicidade. Como o sol, a intenção está no centro desse sistema em constante movimento, impelindo as outras oito escolhas com sua energia e mantendo-as em sintonia com a força de sua gravidade. E as oito escolhas, cada uma um mundo completo, influem profundamente nas forças gravitacionais que mantêm os planetas em órbita e o sistema funcionando. Por causa da sinergia entre os planetas e o sol, nosso cantinho do universo não desaba sobre si mesmo nem se desintegra. Da mesma maneira, as nove escolhas exercem sua força umas sobre as outras para manter a integridade do sistema.

O equilíbrio dessas forças fica mais aparente quando uma das escolhas não é feita. Por exemplo: a intenção de ser feliz perderia seu ímpeto se a identificação parasse de fornecer informações sobre o que nos faz felizes. A generosidade ficaria fora de controle: daríamos tudo o que temos sem as forças moderadoras da responsabilidade plena e da veracidade com relação ao eu. E a remodelação seria inútil se não nos abríssemos às novas opções e possibilidades.

Por meio da metáfora do sistema solar, vemos o sistema de nove escolhas como parte de um conjunto muito maior de galáxias emocionais e fisiológicas. É um complexo universo de sistemas que interagem como componentes de um todo muito maior: o eu total.

Esses sistemas são muitos. Viajando pelo espaço e interagindo com as nove escolhas, estão as recentes descobertas da genética e da bioquímica, que tanto contribuem para a felicidade. O ambiente físico e a ecologia também influenciam nossas escolhas, assim como as constelações da crença, da experiência e da espiritualidade. A memória cultural, a filosofia, a política e a ideologia atuam no sentido de tornar pessoais e singulares as nossas escolhas. Quando começamos a compreender as nuanças dos componentes que formam uma pessoa completa, começamos a dar valor ao que nos torna únicos, felizes e individuais.

Foi necessário explicar longamente cada uma das nove escolhas. Mas e quando o sistema planetário inteiro está em pleno movimento? O que acontece às pessoas quando todas as nove escolhas foram feitas? Como veremos em nossas últimas histórias, essas escolhas se juntam para criar um sistema coeso, a despeito das dificuldades da vida. Sua sinergia gera o sentimento de felicidade, o brilho caloroso e sereno das pessoas extremamente felizes.

Duas Vidas Felizes

Reservamos duas histórias para o final. Ambas ilustram a sinergia. Poderíamos ter escolhido qualquer uma das pessoas que entrevistamos, pois todas têm histórias que integram as escolhas da felicidade em ação coordenada. Mas escolhemos Kathryn, que você conheceu no Prólogo e acompanhou ao longo do livro. E Hiroshi, que apareceu no Capítulo 8 (Generosidade) e cuja participação no "comércio da generosidade" foi decisiva na educação de centenas de empregados de sua limpadora de carpetes.

Em ambos os casos, as histórias que vamos ler ocorreram mais de um ano depois do início das entrevistas.

A História de Kathryn — Parte Quatro

Kathryn exemplifica a transição da infelicidade para a felicidade já na vida adulta. Como você lembra, ela aprendeu por conta própria – cada movimento foi consciente e deliberado.

Quem vai ao salão de dança de Kathryn não consegue deixar de ver a grande placa na entrada: "Este É um Lugar para Se Sentir Alegria". Com trinta empregados e mais de quinhentos freqüentadores por semana, ela comanda um grande negócio. O que orienta sua vida?

> *Meu propósito de cada dia, que move todas as minhas decisões, é ser feliz ao máximo e dar aos outros a oportunidade de fazer o mesmo. Como minha vida era tão destituída de alegria, a alegria é agora o centro de tudo.*

Recentemente, Kathryn se viu diante de um sério problema e precisou encontrar uma saída:

O salão ia de vento em popa. Aos 47 anos, Kathryn estava prestes a realizar outro sonho: ganhar um título nacional de dança de salão. Depois de anos de treino intensivo, ela e o parceiro, Michael, estavam no auge da forma. Moviam-se em uníssono, ensaiavam muito e pareciam imbatíveis. Tinham se tornado verdadeiros artistas, mesclando a excelência técnica com uma incomum capacidade de expressar emoção, beleza e graça na pista de dança. Estavam entre os dez melhores em competições nacionais.

Mas um dia Michael soltou uma bomba: estava deixando Kathryn para dançar com outra parceira, Mae, uma instrutora do salão.

> *Foi um golpe. Era o fim da minha última oportunidade de realizar esse sonho. Eu tinha que enfrentar a realidade. Na minha idade, não havia esperança de começar tudo de novo com um novo parceiro.*

Kathryn começou assim o processo de *remodelação*. Ficou 48 horas se sentindo fisicamente doente por causa da perda e da dor – como se fosse uma gripe. Mas se permitiu viver essa experiência física até o fim.

Quando a dor diminuiu, Kathryn começou a procurar um significado. E acabou aprendendo muitas lições: sobre parceria, sobre a própria capacidade de se comprometer a longo prazo, sobre contratos interpessoais e sobre suposições. Teve também uma oportunidade de refletir sobe seu amor pela dança e sobre o papel da competição em sua vida.

Começou a separar as coisas. Quais eram suas *intenções*? Será que era sua intenção se culpar? Punir Michael e Mae? Vingar-se? Expulsar os dois do salão?

Ela sabia desde o começo que sua intenção era sair feliz dessa situação, sem permitir que a negatividade afetasse suas escolhas. Isso a levou diretamente à *responsabilidade plena*. Ela empenhou-se para tornar a situação o melhor possível. Culpar Michael, Mae ou a si mesma não resultaria em nada.

Kathryn começou a *identificar* o que funcionaria melhor na circunstância em que ela estava. Então, na segunda de manhã, procurou Michael e Mae, disse a eles como se sentia e ao mesmo tempo lhes ofereceu todo o apoio. Ofereceu-lhes o estúdio e lhes garantiu que continuariam com seus empregos. Deu-lhes sua bênção. Quando a conversa terminou, tinha a amizade de dois possíveis campeões de dança, que continuaram fiéis a seu salão.

Para saber que direção tomar, Kathryn voltou à sua *prioridade máxima* – dança, pura e simples, sem vestígios de culpa, frustração ou infelicidade. Com a dança como motivação, começou a considerar suas próprias *opções*. Quais eram as oportunidades?

> *Eu dispunha agora do tempo que antes dedicava aos ensaios e à competição. Decidi usá-lo para realizar outro sonho – abrir um segundo estúdio – uma forma de aumentar os negócios e de oferecer outros tipos de aula. Não vejo limites. Eles não existem mais para mim. Eu me concentro no que é e no que pode ser. Sempre que há uma mudança, pergunto: "Que novidade vem por aí?"*

O novo estúdio permitiu a Kathryn fazer uma coisa muito importante, que ela adora.

> *Sei há muito tempo que uma de minhas maiores satisfações é ensinar o que sei. Quero ser uma boa professora, não importa o que esteja ensinando. No novo estúdio, tenho oportunidade de dar aulas de especialização e de desenvolver pessoas cuja meta é a mesma que eu tinha há vinte anos: ser instrutor de dança.*
>
> *A generosidade vira um hábito. Não sou generosa para receber algo em troca, mas sempre acabo recebendo.*

Kathryn substituiu a frustração e a mágoa pelo *reconhecimento* que passou a sentir. O sonho de competir tinha acabado, mas seu segundo salão prosperava, dando-lhe a oportunidade de oferecer uma diversidade maior de serviços. Sua equipe, incluindo Michael e Mae, estava coesa e mais dedicada do que nunca.

Finalmente, a *veracidade* com relação a si mesma foi a lente através da qual Kathryn avaliou o que tinha acontecido. Sua reação à situação foi autêntica e honesta. Teve que enfrentar lições muito difíceis. Seus dias de competição tinham terminado: o sonho do título nacional nunca vai se realizar. Ela aceitou esse fato e examinou os erros que cometeu ao criar a parceira com Michael.

Kathryn aprendeu muito nos quarenta anos que contamos ao longo deste livro. Aprendeu por conta própria cada uma das nove escolhas. Hoje ela vive cada dia se sentindo totalmente viva. Ela é feliz.

Hiroshi

Na primeira entrevista, Hiroshi não nos contou que, cinco anos antes, tinha se tratado de um linfoma, que aparentemente regredira. Não mencionou seu estado de saúde, mas nos falou abertamente do preconceito racial que sofrera na infância e do sucesso nos negócios. Suas histórias de generosidade pessoal serviram de exemplo ao "comércio da generosidade".

Um ano depois da primeira entrevista, Hiroshi foi ao médico para exames de rotina. O resultado não foi bom: o linfoma tinha reaparecido. Os oncologistas não deram mais de nove meses de vida a ele.

Com sua generosidade costumeira, Hiroshi nos deu a oportunidade de saber como as nove escolhas das pessoas felizes atuam nos momentos mais difíceis. Algumas das observações são de Hiroshi e outras de sua filha, que o acompanhou durante o tratamento.

Ao receber a notícia, Hiroshi baixou a cabeça, chocado. Sentou-se, com os ombros caídos, e ficou olhando silenciosamente para o chão. Depois de uma pausa, ele ergueu os ombros e olhou nos olhos do médico.

> *Fui feliz durante o tempo que tive para viver. Agora tenho um tempo para morrer. Até que chegue esse momento, vou viver ainda mais.*

A *intenção* de viver plenamente juntou-se à *responsabilidade plena* de Hiroshi. Ele pediu que o médico lhe explicasse com detalhes o que seria capaz de fazer no futuro: poderia viajar, sentiria dor, quais seriam os cuidados médicos?

Depois de estabelecer os parâmetros para o futuro, Hiroshi traçou um curso de ação. Sua plena responsabilidade pessoal o levou a criar o melhor futuro possível naquelas circunstâncias. Pela *identificação*, ele organizou uma lista das coisas que gostaria de fazer nos nove meses seguintes.

Meu tempo é limitado. Preciso fazer o que é mais importante para mim. Vou visitar minha irmã em Chicago. Vou passar momentos inesquecíveis com minha mulher e filha. Vou entrar em contato com todos os meus parentes e amigos para me despedir. E vou deixar instruções para que meu dinheiro seja bem usado na educação de outras pessoas.

Com um tempo finito na terra, Hiroshi começou a definir as *prioridades* máximas de sua lista. Fez suas últimas viagens. Procurou amigos e parentes e revelou à família seus últimos desejos.

Hiroshi tinha sempre refletido em silêncio sobre a própria mortalidade. Em certo sentido, tinha *remodelado* a própria morte com antecedência. Compreendia sua finalidade e a noção de "fim físico" como "completude". A tristeza de deixar a terra era contrabalançada pela certeza de ter tido uma vida rica e importante: tinha dado muito de si para os outros. Ele sabia que ao partir deixava atrás de si muitas pessoas que o levavam na alma.

Com pouco tempo para viver, Hiroshi continuava aberto às *opções* e pensando de maneira divergente. Como morreria? Não sabia e não dava para planejar em detalhes. Então jogou a rede.

Descobri muitas maneiras de morrer. Posso ir para uma casa de repouso. Mas estou preparado para uma longa internação no hospital. Talvez tenha a sorte de ficar em casa, na minha própria cama. Considerei também a possibilidade de uma morte assistida, se estiver sofrendo muito. Tenho sorte por ter tantas escolhas...

Com sua generosidade característica, Hiroshi continuou a mostrar reconhecimento pelo mundo. Depois de ter a certeza de que sua família estava bem amparada, Hiroshi escreveu um testamento deixando o restante de seus bens para um fundo de educação a ser administrado pela filha. A dádiva de seu pai — a promessa de que buscaria a sabedoria — passaria à outra geração.

Além disso, Hiroshi disse a *verdade*, a si mesmo e a todas as outras pessoas.

A única grande mentira que poderia contar é negar que estou morrendo. E isso é ridículo. A morte é muito verdadeira. Depois disso, há mais alguma coisa a esconder? Há alguma razão para mentir? Ser honesto sobre a minha morte me torna ainda mais honesto com relação à vida.

Você está se perguntando por que Hiroshi não tem medo de morrer? Ele não demonstrou medo nenhum, nem nas entrevistas nem para a família.

Entendendo-se o medo como medo de não estar à altura de alguma coisa, Hiroshi não tem medo da morte em si. Poderia ter medo de não estar à altura da morte, mas para isso as nove escolhas o prepararam.

Pode parecer um oxímoro, mas Hiroshi está vivendo seus últimos meses em profunda felicidade. Sente-se capaz e satisfeito. Está triste com a iminência da morte? Sim. Está feliz com a vida longa e significativa que teve? Sim. Sua vida é como um copo – parcialmente vazio e parcialmente cheio.

Há coisa melhor do que ter tido uma vida cheia de alegria? Pretendo ser feliz todos os dias, o máximo que puder, mesmo neste processo final.

Eu não a conheço...
Ela não tem nome...
É uma palavra que não foi dita,
Não está em nenhum dicionário em nenhuma
enunciação em nenhum símbolo...
Não é caos nem morte...
É uma forma, uma união e um plano...
É vida eterna...
É felicidade.
Walt Whitman, Leaves of Grass, *1856*

Epílogo

Desde a primeira pesquisa até o término do livro, este projeto trouxe uma surpresa depois da outra. No início, não sabíamos que nossa vida pessoal e profissional mudaria tão radicalmente. Não conhecíamos ainda os caminhos científicos, filosóficos e literários que acabamos tomando. Não poderíamos prever que íamos sistematizar as nove escolhas universais e que isso nos levaria a direções não-planejadas. Não sabíamos que as escolhas individuais correspondiam ao comportamento de equipes e de comunidades inteiras e que faríamos seminários em todas essas áreas. Na verdade, não poderíamos saber que o modelo da felicidade se transformaria num gabarito, no nosso trabalho de treinamento.

Passamos a usar as nove escolhas em treinamentos de liderança nas empresas. Descobrimos que as escolhas correspondem ao comportamento dos líderes mais bem-sucedidos: pessoas que merecem confiança e respeito, que desenvolvem e valorizam seus subordinados, que são capazes de mover montanhas.

As escolhas têm também outras aplicações. Oferecem um formato para previsões e planejamentos estratégicos. São um ótimo critério para recrutamento e fornecem aos administradores termos para denominar os comportamentos profissionais mais valorizados. Como sistema, elas nos ajudam a orientar as pessoas, dos postos mais altos aos mais baixos da hierarquia empresarial, para serem mais produtivas e terem mais satisfação no trabalho.

E houve outras surpresas. Apresentamos a roda a um público de médicos e outros profissionais da saúde com resultados surpreendentes. Seus possíveis usos — como instrumento de diagnóstico, no tratamento de doenças relacionadas à depressão e como forma de determinar o potencial que cada paciente tem para seguir uma estratégia de tratamento — foram vistos com muito entusiasmo.

A pesquisa sobre felicidade trouxe estímulo, crescimento e satisfação à nossa vida profissional, mas há também uma história pessoal. Depois de tanto discutirmos a felicidade, nossa intenção de alcançá-la se intensificou, juntamente com a consciência das outras escolhas. Melhoramos como pais, amigos e parceiros. Temos agora um modelo de comportamento que nos ajuda a criar nossos filhos, a examinar o conteúdo emocional dos relacionamentos e a melhorá-los.

Mas a dádiva maior foi a oportunidade de conhecer profundamente tantas pessoas felizes. E de ter contato com gente de todas as partes do mundo, de San Francisco à Europa Oriental. Algumas dessas pessoas se transformaram em amigos que serão um tesouro pelo resto de nossas vidas.

E você? Como vai começar?

A maioria das pessoas acha mais fácil selecionar uma escolha e se concentrar nela. É bom dar uma olhada, de vez em quando, no Questionário da Felicidade, na Introdução. Se teve nota baixa numa das escolhas, pode começar por ela. Às vezes, só o fato de trabalhar com uma escolha aumenta drasticamente seu estado geral de felicidade. Começando do começo, você pode ativar sistematicamente todas as escolhas.

Escolher a felicidade é uma jornada que dura a vida inteira — uma nova maneira de viver. Como qualquer jornada, nem sempre ela transcorre como o esperado. Alguns dias serão mais difíceis do que os outros. Mas agora você tem um guia. Já sabe que a felicidade vem de dentro e que ela depende de muitas escolhas conscientes. Sabe também que ela exige que você seja verdadeiro consigo mesmo e que respeite quem realmente é. A felicidade pode ser aprendida em qualquer idade, em qualquer situação econômica ou localização geográfica, por pessoas de qualquer raça, religião ou crença. Você está preparado. Tem os instrumentos. Tem o conhecimento. Tem o poder.

Nós lhe desejamos sucesso nessa aventura. E muita felicidade.

Se quer ser feliz, seja.
Leo Tolstoy

Para informações sobre nosso programa de treinamento corporativo e seminários, por favor escreva para:

Rick Foster e Greg Hicks
P.O. Box 99828
Emeryville, CA 94662-9828

ou mande um e-mail para:
rfoster@ dnai.com

ou visite nosso website
www.choosetobehappy.com

320